NORBERT KÖRZDÖRFER

Kein Leben ohne Hund

Für Ruby

Diederichs

Bildnachweis:

Inhalt: **S. 1:** © Henning Scheffen **S. 6:** © Norbert Körzdörfer

Farbbildteil: **S. 1:** © Norbert Körzdörfer (großes Bild); © Andreas Blumenthal (kleines Bild) **S. 2/3:** © Henning Scheffen **S. 2:** © Dreier GmbH **S. 3:** © Patrick Lux **S. 4/5:** © Peter Müller **S. 5:** © Andreas Blumenthal (oben); © Norbert Körzdörfer (unten) **S. 6/7:** © Henning Scheffen **S. 7:** © Patrick Lux (oben); © Sophie Klementz (unten) **S. 8:** © Norbert Körzdörfer

FSC
www.fsc.org
FSC® C017859
The mark of responsible forestry

Verlagsgruppe Random House FSC-DEU-0100
Das für dieses Buch verwendete FSC®-zertifizierte Papier
EOS liefert Salzer Papier, St. Pölten, Austria

Umschlaggestaltung: Weiss Werkstatt, München
unter Verwendung eines Fotos von © Henning Scheffen
Druck und Bindung: CPI Moravia Books, Pohorelice
Printed in Czech Republic
ISBN 978-3-424-35072-2

Weitere Informationen zu diesem Buch und unserem
gesamten lieferbaren Programm finden Sie unter:
www.diederichs-verlag.de

Inhalt

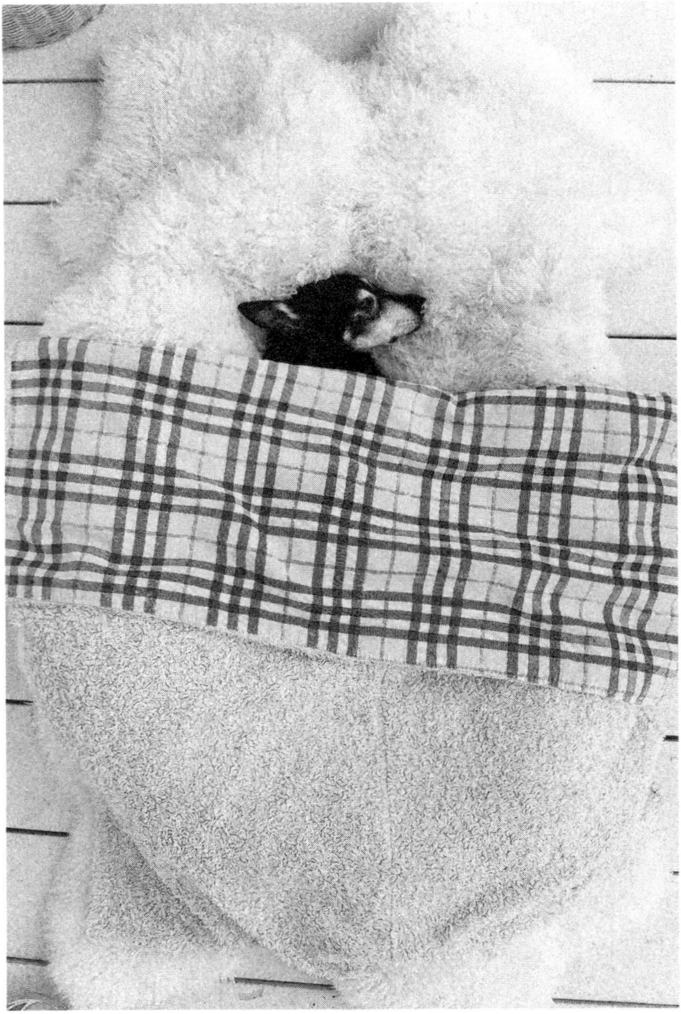

Der Tag danach

Der Tag danach ist leer und leicht.
Ruby ist tot.
Der Hund unseres Lebens.
Es ist still.
Es ist aus.

Rubys Leiche liegt auf der Terrasse – wie schlafend in ihrem karierten Körbchen.
Eingehüllt in ihr Schaffell.
Friedlich. Ewig. Wie ein Wikinger.

Rubys Leben ist aus unserem Haus entwichen wie ein Windhauch.
Was bleibt, ist ein Phantomschmerz.
Ein Hund ist Leben.
Kein Hund ist kein Leben.

Ruby war der Wind in unserm Haus.
Ruby war das ferne Bellen beim Bremsen des Autos.
Ruby war das laute Bellen beim Aufschließen der Tür.
Ruby war das hüpfende, tanzende, schleckende Bellen der Liebe.

Das Bellen ist erloschen – nach 17 Jahren.
Aber die Liebe lebt.

Ich setze mich auf die weiße Terrasse zu meiner schwarzen Hündin.
Wilde, graue Wolken verwischen den Himmel.
Rubys Seele ist woanders.
Wir sind zurückgeblieben.

Ruby, ein Jack-Russell-Straßenköter-Findelkind, war 17 Jahre unser Herz aus Fell.
Böse Hände hatten sie ausgesetzt.
Gütige Hände hatten sie gefunden und aufgeklaubt.

Ruby war unser erstes Baby.
Ruby schlief in unserem Bett.
Ruby kannte den Bischof, der unter uns wohnte – und traf Bundeskanzler Helmut Kohl, als der *Bild* besuchte.

Siebzehn Jahre lang schrieb ich jedes Knochenende die *Bild*-Kolumne *Mein Hund & ich* – für Millionen Fans.
Unser erstes Ruby-Buch hechelte sich auf Platz 5 der *Zeit*-Bestsellerliste – vor Günter Grass.

Über einen Hund zu schreiben, der nur wenig sprach, war nicht schwer: Man musste Ruby nur angucken, nur beobachten, nur Zeit haben für sie, nur oft Gassi gehen mit ihr, nur da sein.
Wenn ich über Ruby schrieb, lächelte ich – die Worte schmunzelten.

Wenn ich von nun an über Ruby schreibe, weinen die Worte.

Unser Rudel ist verwitwet.

Ein Teil von uns ist für immer gegangen.
Aber ein Teil von Ruby wird auch ewig in uns kuscheln.
Ruby hat einen tiefen Pfotenabdruck in unseren Herzen hinterlassen – groß wie ein Wald.
Nach 17 Jahren haben wir – blutenden Herzens – Rubys Lebenslicht ausgeknipst – mit einer dünnen Nadel: ein Sekundentod.

Plötzlich stehen wir emotional im Dunkeln.

Es gibt ein Leben vor Ruby – mit Ruby – und nach Ruby.
In die Melancholie drängt sich ein Gefühl der Erlösung und Erleichterung und der Erinnerung.
Es gibt Sekunden, die sind wie Tränen.

Wenn ich von einer Reise komme und niemand ist da, ist unser Haus doppelt still, seltsam leblos und verlassen.
Ruby war unser Hausgeist, Wachedrachen und Hofnarr.
Das staksende Trippeln ihrer rutschenden Pfötchen auf dem knarrenden Holzparkett war unsere House-Musik.
Der Sound von Ruby.

Plötzlich ist unser Haus stumm und ohne Echo.

Wenn ich unseren zweiflügligen Eisschrank öffne, bin ich allein statt zu zweit. Die Kühle knurrt – nicht das schnuppernde Schnäuzchen zwischen meinen Füßen.

Ruby war mein schwänzelnder Schatten. Wir waren wie Dick und Doof, wie Yin und Yang, wie Würstchen und Senf.

Jetzt bin ich allein zu Hause – ohne mein zweites Ich mit dem wedelnden Ringelschwänzchen.

Es gibt schwarze Löcher in unserem Haus, die früher Nischen der Gemütlichkeit waren.
Wenn meine Augen diese Plätze streifen, schimmern sie glitzernd.

Das Loch unter Frauchens weißem Schreibtischkasten – in der Küche

Das war »Ruby's Place«! Das war die Höhle ihres Stammkörbchens.
Unverbaubarer Blick zum Kühlschrank und zum Vulkangrill-Herd-Block.
Ruby sah alles, roch alles, hörte alles.
Jetzt ist die Höhle gähnend leer und sinnlos. Ein Denkmal des Fehlenden.
Wenn ich hinschaue, pocht mein Herz.

Das Loch vor der Terrassentür

Das war Rubys Fressstation – ihr Doppelnäpfchen: zwei erhöhte Stahlschalen für Wasser und Hundefutter, Kartoffelbrei, Würstchen, Kinderteller-Reste etc.
Rubys persönlicher Fresstempel.

Jetzt ist hier nur noch gebohnertes, glänzendes Parkett – eine Leerfläche.
Wenn ich daran vorbei muss, gehe ich langsamer.

Das Loch an der Garderobe

Hier hingen Rubys Leinen, ihre Halsbänder, ihre rote Rettungsjacke fürs Boot.
Jetzt hängen hier Hockeysachen, Fußballzeugs oder Schlüssel oder nichts.
Wenn ich meine Jacke aufhänge, schaue ich schluckend weg.

Das Loch in der Manteltasche

In fast jeder linken Tasche meiner Mäntel, Übergangsjacken oder Regenanoraks knistern noch dünne, schwarze Gassi-Beutel, um Rubys Reste aufzusammeln, zu verschnüren und zu entsorgen.
Sie sind immer noch da – sogar in meinem schwarzen Kaschmirmantel von Hermès für die Oper.
Wenn ich meine Hand reinstecke, dann raschelt es.
Meine Finger kuscheln und mein Herz wird warm und mein Gesicht lächelt.
Das ist wie Ruby streicheln.

Der Tag danach ist der erste Tag nach Ruby – ohne Ruby.

Wir schweigen viel.
Wir gucken die alten Fotos an.
Ich lese Hunderte von E-Mails von Ruby-Fans.

Die große Gabriele Henkel ruft mich tröstend an.
Fremde Menschen nicken mir zu.
Maler schicken mir Ruby-Gemälde.

Wir leiden – aber Ruby leidet nicht mehr.
Aus der Wunde wird Würde und Würdigung werden.
Ruby wird ewig in unseren Herzen kuscheln – und jeder Gedanke an unseren Hund wird unser Herz erwärmen.

Ruby ist tot – aber wenn ich an sie denke, lebt sie.
Es ist ein Zurücklächeln.
Es ist ein Rückspiegel ins Glück.

Dieses Buch ist eine Liebeserklärung an den Hund, den ältesten Freund des Menschen.
Dieses Buch ist die Summe meines Lebens mit dem Hund meines Lebens.

Es ist ein einfaches Buch – weil die wichtigsten Wahrheiten einfach sind.
Es ist ein lächelndes Buch – weil Hunde lächeln, wenn sie mit uns leben.
Es ist ein Buch zum Blättern, zum Staunen, zum Schmunzeln, zum Verstehen, zum Verlieben.

Kein Leben ohne Hund!

Liebeserklärung an den Hund unseres Lebens

Wenn ich an Ruby denke, lebt sie.
Ich öffne einen Gedanken und eine Träne fließt.

Ich trage in meinen Mänteln immer noch
ihre leichten, knisternden Gassi-Plastiktüten.
Wenn meine Hand sie in der Tasche berührt,
ist das wie heimliches Streicheln.

Keiner weiß es, keiner sieht es, nur ich spüre es – und Ruby.

Wer einen Hund liebt, liebt die Welt.
Ein Hund ist ein Ja zum Leben.

Die Augen eines Hundes verstehen dich, wie dich keiner versteht.
Sie sind der Spiegel deiner Gefühle.
Ich sehe dich – und du verstehst mich.

Dein Hund erwartet nichts von dir – nur deine Zeit, nur deine Zärtlichkeit, nur deine Liebe.
Dein Hund ist selbstlos, weil er dich mehr liebt als sich selbst.
Du bist der Mittelpunkt seines Lebens.
Du bist seine Orientierung.

Wo du bist, ist er. Wo du hingehst, geht er hin. Wenn du schläfst, döst er und bewacht deine Träume.

Wer seinem Hund Zeit schenkt, bekommt mehr Zeit zurück – Zeit mit Qualität.
Zeit, die intensiv ist.
Zeit, die stillsteht.
Zeit, die dir mehr Leben schenkt.

Als wir Ruby fanden, waren wir verliebt, glücklich, jung, frei und neugierig aufs Leben.
Ruby war unser erster Anker – unser erstes Baby.
Wir waren plötzlich zu dritt. Wir waren nicht mehr allein.

Wir wussten nicht, dass Ruby 17 Jahre lang unser liebster Klotz am Bein sein würde.
Sie wurde unserer Schatten und unser Sonnenschein.
Wo Ruby war, war unser Zuhause.
Ruby wurde zum Hausmeister und Hausgeist unseres Glücks.

Der Tag Null

Ein Hund verleiht einem Menschen Flügel.
Ein Blitz der Liebe trifft uns.

Wir waren glücklich – ohne Hund.
Wir hatten das Leben noch vor uns.
Wir waren verliebt, aber noch nicht verheiratet.
Die Zukunft war noch ein großer, faszinierender Traum – der Himmel war auf Erden.
Wir waren unbekümmert und kümmerten uns um nichts – außer um uns.
Das Leben lief. Alles war gut und schön und jeder Tag ein Abenteuer.
Der Tag, der unser Leben verändern sollte, war eine Nacht.

Silvester vor 18 Jahren. Damals hat es noch geschneit, dicke schwebende, kitzelnde Schneeflocken tanzten über dem Landgut im Norden. Ein See. Rehe. Eine Disco. Reiche, glückliche Freunde.
Wir waren alle jünger, verrückter, berauschter.
Unsere Philosophie war: Ja sagen zum Leben – das Nein konnte warten.

Es sind die kleinen Zufälle im Leben, die dein Leben verändern.
Es sind kleine Blitze, die dich erleuchten. Es sind Chancen, die es

nur einmal gibt. Wenn du zauderst und zögerst, zieht das Leben an dir vorbei und du wirst ärmer und deine Zukunft dunkler.
Das Leben ist Action – nicht abwarten. Wer wartet, den vergisst das Leben.
«Du musst Hammer oder Amboss sein.« (Goethe)

Kann man Glück planen?
Meine Mutter lächelte immer, wenn ich mit dem Schicksal haderte und zauderte:
«Weißt du, wie man den lieben Gott zum Lachen kriegt? Indem man ihm seine Lebenspläne erzählt ...«

Gott muss gelächelt haben.

Als ich den Hund unseres Lebens zum ersten Mal sah, war ich beschwipst. Das verleiht der Menschenseele Flügel.

Mitternacht. Der Himmel explodierte. Die kühle Luft war süß vom Champagner.
Ich küsste die Frau meines Lebens und mein sentimentales Herz pochte. Meine verliebten Augenlieder hoben sich nur, um das eisige Champagnerglas an die warmen, weichen Lippen zu setzen.

Da zuckte ein Blitz in mein Herz.

Aus einer Ecke guckten mich zwei Maulwurfsäuglein an – mit Batman-Öhrchen, hoch, aber abgeknickt. Der Vampir-Kopf war leicht schräg verdreht. Kleine, spitze Zähne grinsten.
Dieses Wesen sollte unser Leben verändern – jahrelang.

Ein Findelhund.
Ein vierbeiniger schwarzer Engel.
Ein schwarzes Wollknäuel, das im Musikbeat zitterte und in der Ecke kauerte, hilflos, verängstigt, allein gelassen.
Die Beine staksten wie vier schwarze Mont-Blanc-Füller.
Am Popo ringelte sich ein Spanferkel-Schwänzchen.
Aus 100-Watt-Boxen vibrierte dröhnende Donner-Discomusik: «I want to see more happy people …«

Ich sah nur ein verlorenes Hundebaby, das keine Hände hatte, um sich die Öhrchen zuzuhalten.
Ein zitternder Welpe unter 30 tanzenden Menschen.

Na ja. Es gab noch zehn andere Hunde – weil glückliche Landmenschen eben Hunde haben. Und ein Hängebauchschwein. Und einen Esel. Und draußen am See auch Rehe und Hirsche und Nebel.
Aber dieses faustkleine Fellknäuel war das kleinste und ärmste Wesen in dieser wunderschönen Welt ohne Sorgen.
Es blickte mit Bambi-Augen zu den hüpfenden Zweibeinern hoch und begann die Welt zu entdecken.
Es tippelte auf dem vibrierenden Parkett durch das Labyrinth der zuckenden Miniröcke.
Keiner kümmerte sich um das Knäuel.
Nur der weiße Labrador namens Berta stupste es mit der roten Nase zärtlich Richtung Küche – das Paradies der Stille, wo alle Näpfe dufteten. Eine Zwischenwelt.

Es war vier Uhr früh. Die Männer tranken Bier. Die Frauen brutzelten Fondue in der gekachelten Küche. Einige schliefen schon oder liebten sich noch – wie die Besitzer des Knäuels.

Aber sie hatten den Hund in ihrem Glück vergessen.
Er hieß Ruby – englisch für »Rubin«.
Ruby war ein Waisenbaby – ein drei Wochen alter Jack-Russell-Mischling. Ein Mädchen.
Grausame Menschen hatten Ruby und ihre zwei Schwestern in einem Korb an einer Straße im Osten ausgesetzt.
Gute Menschen hatten sie gefunden, aufgeklaubt und ins Tierheim gebracht.
Das ist die Endstation aller ungeliebten Hunde, aber auch eine gütige Wiege für weiche Herzen.
Ruby schaffte es raus aus dem Käfig.
Sie war bei guten Menschen.

Aber Ruby war allein und ungeliebt.
Denn sie bohrte ihre milchigen Welpen-Zähnchen testend in alles, was lebte – auch in die Finger der ängstlichen Tochter ihrer Retter. Das Kind weinte und hatte Angst. Die Eltern dachten daran, Ruby wieder zurückzuschicken – zurück in das Heim der Tiertränen, zurück in keine Zukunft.

Es war fünf Uhr – und alle waren happy und tranken Kaffee.
Ein neues Jahr dämmerte.
Alles fing neu an. Alles war unschuldig. Alle waren unbekümmert. Alle fassten neue Vorsätze. Alle?

Die feinen Finger meiner Frau hatten Ruby von den kalten Fliesen aufgehoben.
Ruby kuschelte sich in der warmen Nische der Holzeckbank an sie und hatte ihre daumengroße Stupsnase in den warmen Schoß von »Frauchen« gelegt.

Es war Liebe auf den ersten Stups.
Der liebe Gott würfelt nicht. Es gibt keine Zufälle.
Als der Morgen graute, dämmerte unsere Zukunft.
An diesem 1. Januar fiel der Satz, der unser Leben glücklicher machen sollte.
Meine Frau seufzte zu Annie, unserer tiervernarrten Gastgeberin: »Och! Ich würde Ruby so gern mit nach Hause nehmen …«

Ich wusste noch von nichts.
Ich wollte nur drei Dinge im Leben:

1. Eine blonde Frau
2. Einen blonden Golden Retriever
3. Ein Haus am Meer

Beim Champagnerfrühstück nahm mich meine Frau (langes, seidiges braunes Haar) in ihre Arme und guckte mit ihren bambi-braunen Augen in meine wolfsgrau schmunzelnden Promille-Pupillen: »Schnuffel, du wolltest doch immer einen Hund. Können wir Ruby nicht mit heim zu uns nehmen?« (Unser Heim war eine Mietwohnung im 3. Stock, ohne Lift.)
Weil ich ein Fatalist mit schicksalsergebenem Herzen bin und lieber Ja sage als Nein und nicht wusste, dass Welpen 999 Mal pro Tag Gassi gehen müssen, juchzte ich mit mildem Restalkohol im sprudelnden Blut: »Ja, warum denn nicht?«

In solch winzigen Augenblicken werden Dynastien gezeugt, Kriege verloren – oder gutmütige Männer in 17-jährige Sklaverei geschickt.
Wie ich.

Plötzlich verbiss sich etwas in meinem großen Zeh.
Es war das schwarze Knäuel.
Frauchen küsste mich.
Ruby biss mich.

Ich schenkte mir ein großes kaltes Bier ein, streichelte meinen kleinen Sklaventreiber und überlegte, wie sich mein Leben wohl verändern würde.
Ruby sollte der faszinierendste Klotz am Bein werden, den es je gab.

Ruby sollte der berühmteste Hund Deutschlands werden.
Warum? Weil ich mich in dieses Stückchen Hund verliebte. Weil ich jeden Morgen in der Chefredaktion der *Bild*-Zeitung von meinen Abenteuer mit dem kleinen Monster erzählte. Und weil plötzlich zwischen Politik und Skandalen und Katastrophen ein kleines Hundeschwänzchen wedelte. Alle lachten. Einer, Kai Diekmann, heute *Bild*-Chefredakteur, sagte: »Wenn wir lachen, lachen auch unsere Leser! Schreib das doch auf, Körzi – für *Bild*.«
So wurde, am 10. Januar 1994, Ruby der Hund, über den Deutschland schmunzelte – elf Millionen Leser blickten in Rubys Herz – und in meines.

So begann alles.
So einfach.
So hündisch.

Der lange Abschied

Wir wussten es, aber wir wollten es nicht wissen.
Wir spürten es, aber wir schlossen die Augen und öffneten das Herz.
Als der erste Schnee fiel, war es wie ein weißer Vorhang.
Wir feierten alles zum letzten Mal.
Rubys letzter Geburtstag – ihr 17.
Rubys letzte Weihnacht – auch ihr 17. Fest mit dem Christkind.
Rubys letzte Silvester – auch wenn sie die Böller nicht mehr hörte, sie fühlte die Explosionen.
2010 sollte ihr letztes Lebensjahr werden.
2011 dauerte nur noch 18 Tage und Nächte.

Das letzte Jahr war das schwierigste und das schönste.
Es war ein langer, zarter, zitternder, melancholischer Abschied.
Wir wussten, dass wir den Hund unseres Lebens verlieren werden.
Deshalb war jeder Tag ein kleines Leben und ein großes Geschenk.

Memories ... Gefühle sterben nicht.
Erinnerungen sind Gemälde der Gefühle.
Die Seele schaut sich um – und blickt zurück.
Was war, bleibt.

Es war einmal ein Hund ...

Silvester 2009/10

Draußen knallen noch die letzten Böller, drinnen knistert der Kamin. Davor liegen Rubys Weihnachtsgeschenke: eine Auto-Einstiegsrampe. Ein Ganzkörpergeschirr (nie mehr Halswürgweh). Und ein *Bild*-Leser-Fan-Foto aus Dänemark: Dort gibt es einen Rubyvej (Ruby-Weg).
Unsterblich schon vor dem Tod.

Ruby und ich blicken voraus und zurück.
Unsere Hunde-Vorsätze für das letzte Jahr auf Erden:

1. Ab sofort ist jeder Tag Weihnachten.
2. Jeden Tag Glücks-Gassi zu zweit.
3. Sanfter fressen: kein Fett, kein Zucker, aber wir verzichten nicht mehr auf Leberwurst.
4. Wir kümmern uns nicht mehr um andere Hunde: tote Hose.
5. Ruby darf öfter zur Reha bei Schwiegeromi im Sachsenwald (drei Hunde, Trockenfutter-Diät und Leberwurstbrot-Frühstück).
6. Nie mehr ohne Leine raus – Autofahrer sind potenzielle Killer-Monster.
7. Nachts nur noch mit blinkendem Christbaum-Halsband.
8. Kein Rudelmitglied schimpft mehr über Rubys Teufelsatem: Drachen riechen eben so.
9. Das Jahr 2010 könnte Rubys letztes sein – deshalb nehmen wir jeden Tag als Geschenk für unseren Schutzengel.
10. Alle Vorsätze sind uns wurst, wenn es Ruby nur gut geht.

Rubys Motto 2010: Lieben und leben lassen.

Ruby rutscht ins neue Jahr – senil, aber happy

Der Schnee ist unsere Burg. Unser Haus wird »Schloss Puderzucker«. Draußen: Raketen. Drinnen: Kamin, Bleigießen, Kinderlachen. Plötzlich poltert es: Ruby rutscht die gebohnerte Holztreppe runter. Aber nicht strauchelnd, jaulend, purzelnd. Sondern mit Pfoten voraus, hoppelnd wie auf einem Fell-Schlitten – grinsend.
Das ist Rubys neuester Trick: Treppenrutschen.

2010 startet mit einer Happy Ruby.
16 Jahre lang war Silvester der Horror: Bombenterror. Aber jetzt lächelt Ruby wie Beethoven – das Musikgenie wurde mit 50 taub. Rubys Öhrchen streichelt ewige Stille.
Schnee ist Rubys Lieblingsteppich. Schnüffeln, Blitz-Gassi, Kuschel-Flucht zurück ins Körbchen.
Ruby schnarcht länger.
Unser Rudel macht zwei Wochen Ferien im Wohnzimmer – inklusive Schlitten, Schlittschuh, Avatar, Wii, Nintendo DS, Edgar Wallace, Sissi, Schach, Killer-Softair-MGs, Gummischwertern und Langschlaf-Orgien bis zwölf Uhr.

Leider hat Ruby ein Wecker-Herz: Es gähnt Punkt sechs Uhr früh. Dann folgt ihr Folter-Stepptanz der Pfoten auf dem Parkett. Alarm! Ich raus, mit Ruby runter, raus in den Schnee. Und wieder alles retour, ich trage Ruby zurück ins Körbchen. Senile Bettflucht?
Als ich um sechs Uhr nach Berlin ins *Bild*-Büro fahre, schläft sie noch. Um acht Uhr ruft mich Frauchen im Auto an: »Sie hat dich um sieben Uhr kurz gesucht. Ich habe sie zurück ins Körbchen geschickt. Sie schnarcht immer noch.«

Rudel im Glück: Das neue Jahr umarmt uns mit Geborgenheit und Schneeflocken.

Ein Wunder? Ruby hört wieder

Winterdämmerung. Kalt, frisch, verdunkelnd.
Unser Rudel trifft sich heimkommend vorm knirschenden Haus.
Die Kleinen vom Schlittenfahren, die Großen vom Media-Markt.
Die golden schimmernde, gemütlich knarrende Tür öffnet sich und ...? Ruby hechelt schwänzelnd im Windfang, wartend.
Ein Wunder: Sind Rubys altersschwache Öhrchen wiederauferstanden?
Seit einem Jahr ist es leider unheimlich still, wenn ich heimkomme. Kein Bellen. Kein Pfotenkratzen. Es war die Ruhe des Nicht-mehr-alles-hören-Wollens. Früher reichte das Bremsen des Autos, die Kegel der Scheinwerfer, das Stochern des Schlüssels – Ruby bellte wie eine Glocke des Glücks. Irgendwann schlich sich betäubende Stille in ihre hängenden Fledermausohren.
Bis gestern. Ruby ist zurück im Leben. Sie hüpft ins Haus. Sie steht wieder im Wege – aber positiv, neugierig, erwachend.
Warum?
Frauchen schmunzelt: »Diät! Kein Schrott. Kein Müll. Kein Fett. Kein Zucker. Viel Sauerstoff. Puls hoch. Das reinigt die Sinne.«
Ruby lebt wieder, statt zu dösen.
Ruby klettert auch wieder die polierte Treppe hoch zu ihrem Schlafzimmerkörbchen. Ruby ist kein Reinhold Messner.
Aber Ruby ist mein Yeti.

Liebe ist? Mit seinem Hund Schlitten fahren

In Haiti sind Hunde die stillen Helden. Sie erschnüffeln und retten Leben. Hunde sind Schutzengel. Wer einen Hund als Freund hat, erlebt das Leben intensiver. Ein Hund hält das Leben fest – weil er kein Gestern und kein Morgen kennt – sondern nur den Augenblick.

Erster Augenblick: Schnee. Eis. Schlitten fahren. Wenn Schneeflocken wirbeln, kehrt die Kindheit zurück. Das Rudel stapft mit drei Schlitten in den Park. Soll Ruby mit? Alt, blind, gehörlos und wackelig auf den Pfoten? Frauchen, die Mutige, sagt Ja. Ruby bibbert mit. Kinder lachen. Glucksende Atemwolken. Rote Freude-Backen. Kann Ruby auf dem Schlitten stehen? Gezerre, Gejaule, Gezögere. Frauchen packt Ruby umarmend und bettet sie in ihren Schoß. Ruby, das schwarze Schnäuzchen im eisigen Wind, rutscht hoppelnd den Hügel hinunter.
Ihre erste Schlittenfahrt. Auch ihre letzte?

Zweiter Augenblick: Nachts. Schnee. Mond. Wind, der wehtut. Wir rutschen auf der kalten Wiese vor unserem warmen Haus. Ruby trägt ihr grünes Leucht-Halsband. Es wirkt wie der Heiligenschein eines Engels. Plötzlich taucht ein zweiter, roter Lichtkreis auf. Weiter hinten nähert sich ein dritter, blauer. Es wirkt, als wären drei Ufos gelandet, die über knirschenden Schnee schweben. Die drei Heiligenscheine treffen sich. Drei Hunde in der Nacht.
Ein kleines Wunder.

Dritter Augenblick: Tag. Sonne. Tierarzt. Bremsen. Ruby will nicht aus dem Auto. Sie riecht den Angstschweiß vor der Praxis. Sie kann nicht Gassi, obwohl sie muss. Wir warten und zittern. Mit

liebender Ungeduld ziehe ich sie zur Tür. Sie jault und zieht mich wieder weg.
Es tut doch nicht weh ...

Stirbt Ruby? Nein, nein, nein!

Was ist der wichtigste Tag im Leben eines Hundes? Wenn Herrchen mit seinem Hund zum Tierarzt geht. Warum? Es ist Liebe, Sorge, Fürsorge, Angst und Nächstenliebe. Ruby halb taub, halb blind, halb tot. Wirklich?

Ich kam aus Hollywood und hatte einen Tag Urlaub. Wenn man eine Woche im verregneten Amerika war, wird das Zuhause zur Sehnsucht. Es gibt nichts Schöneres: das Haus, die Kinder, der Hund, die Frau, das Bier. Ruby und ich lieben uns seit 16 Jahren. Wir sagen uns alles. Wir haben keine Geheimnisse voreinander. Wir essen heimlich Leberwurst, wenn Frauchen nicht zuguckt. Aber Ruby ist alt. Ihre Hüften rutschen raus, ihre Öhrchen hängen, sie läuft demenzartig an unserem Haus vorbei. Lebens-Check-up. Wie viele Weihnachten haben wir noch?

Ich habe nie Zeit – und plötzlich habe ich Zeit: Ich habe einen Tag Freiheit. Was tut man damit außer Schlitten fahren? Ich nehme mein Fellherz und fahre zu dem Arzt, der Ruby liebt: Dr. Fabian von Manteuffel. Ruby zittert und ich trage sie. Sie macht aus Angst Gassi. Sie wiegt noch zwölf Kilo. Ich habe Angst um sie. Aber der Arzt nimmt uns die Angst. Er guckt mit dem Röhrchen ins Öhrchen – und schüttelt lächelnd den Kopf: »Alles in Ordnung.«
Ich: »Echt?«

Er: »Ruby lebt noch ein bis zwei Jahre. Als ich sie das letzte Mal sah, war sie schwach, jetzt ist sie wieder stark.«
So einfach kann Glück sein. Er verschreibt Ruby Blutdruck-Pillen, die Hirn und Herz stimulieren. Die Rechnung ist so hoch, dafür könnte ich mir einen neuen Hund kaufen. Dr. Manteuffel erklärt: »Übrigens kannst du die Pillen auch selbst schlucken, denn in Japan sind sie auch für Menschen erlaubt.«

Ruby und ich verlassen die Praxis lächelnd wie Dick und Doof. Ärzte können Engel sein.

Brief aus Paris

»Meine liebe, alte Ruby,
ich bin auf dem Eiffelturm. Leider sind Hunde hier verboten. Der Turm ist von draußen schöner als von drinnen. Aber das leuchtende Paris ist wunderschön. Ich bin hier, um Mel Gibson zu treffen – aber ich denke an Dich. Ich vermisse Dich – Frauchen auch, unsere Kinder natürlich.
Warum?
Ich vermisse Deine Geräusche. Du bist ein alter Hund – in Menschenjahren wärst Du ein Methusalem mit beinah 100 Jahren. Aber Du wirst noch zwei Jahre leben. Ich höre hier das Kratzen Deiner Pfoten auf dem Parkett unseres Hauses. Ich sehe den Schnee. Ich sehe Dein Alter. Ich sehe Deine Faulheit. Ich sehe Deine Vergesslichkeit.
Alles, was ich tue, tue ich für unser Rudel.
In Hamburg ist die Alster zugefroren. Frauchen kaufte Schlittschuhe und Eishockeyschläger und zwei Pucks. Ich wollte Dich mitnehmen, aber Frauchen nicht: ›Soll sie in der Kälte zittern?‹

Schnee. Eis. Und in der Zeitung stand, dass ein Hund eingebrochen ist und das Herrchen ertrunken. Deshalb: Ruby nicht auf die Alster. Weil: wenn Du einbrichst, würde ich reinspringen.
Bei allem denke ich, es ist das letzte Mal, dass wir das zu zweit tun. Und deshalb hol ich Birkenholz aus dem Keller und wir machen den Kamin an. Holz ist Wärme. Herz ist Wärme.
Heute Abend klingele ich an der Tür – Du bist ja schwerhörig, aber Du wirst mich spüren.
Dein Herrchen.«

Warum läuft und rutscht Ruby immer im Kreis?

Wir sind eingefroren! Unser Häuschen ist ein Eisschloss. Aber drinnen knistert der Kamin.
Ruby und ich gucken aus dem Fenster und lächeln. Die Menschen im Schnee werden zu Pinguinen. Sie watscheln, staksen, rutschen – oder platschen aufs Eis. Das ist eigentlich nichts zum Lachen: ein Freund hat sich die Hüfte gebrochen.
Aber Ruby und ich – wir leben unsere eigene Komödie. Wenn Ruby Gassi muss, watscheln wir zwei wie Seiltänzer in den Park. Mein Trick: Kreppsohlen und ausgestreckte, balancierende Hände, eingezogener Po und gerader Rücken. Ich stapfe auch extra im frischen Neuschnee. Ist Ruby mit ihren Krallenpfötchen schneesicher? Nein, sie rutscht wie Charlie Chaplin – zack, vorm Zaun knallt sie hin. Ich ziehe sie an der Leine hoch und lächle nicht. Frauchen hat nicht nur das Eis auf der Treppe weggehackt, sondern auch ein Stück Stein, damit der Postbote nicht leidet. Unsere Stufen sind sicher.
Unsere Küche ist unsere neue Wohnung, denn Ruby kann auch im Garten Gassi. Aber Hunde haben ein Bewegungs-Gen. Sie wedeln

mit dem Schwänzchen und kreisen um den Küchenblock. Ruby tigert wie ein Löwe im Käfig – immer im Kreis rum. Das knarrende Parkett ist ihr Laufband. Ruby kreist greise.
Sie guckt auch alle zehn Minuten in ihr Näpfchen. Sie guckt den Kühlschrank an und dann mich. Sie vergisst beim Fressen, dass sie gefressen hat. Ewiger Hunger. Aber dann vergisst sie auch, was sie vergessen hat. Dann liegt sie im Körbchen und döst lächelnd vor sich hin. Schlafes Glück.

Fastenzeit – Wellness mit Hunden?

Ruby hat Sabberitis und Spuckeritis. Zu viel Karneval? Zu viel Bier? Zu viel Fressen?
Feiern ist vorbei. Der Schnee schmilzt – so ein bisschen –, Vögel zwitschern – milde null Grad. Die Fastenzeit ist angebrochen. Motto: Weniger ist mehr. Sieben Wochen warten auf Ostern. Drei Millionen Deutsche machen beim Fasten mit: Sieben Wochen ohne Alkohol, ohne Rauchen, ohne Fernsehen etc.
Aber wie fastet man mit einem Hund – als Wellnesstrainer?
Wochen ohne Kekse, Zucker, Schokolade, Süßes. Wochen ohne rohes Fleisch, denn Rubys Bauch ist alt und braucht Schonkost. Wochen ohne Gassi-Faulheit: Der Schnee war die schönste Entschuldigung, auf dem Sofa liegen zu bleiben. Sieben Wochen ohne Hektik und Stress – sieben Wochen hundegemäß leben. Das bedeutet den Augenblick lieben, das Handy ausschalten, die Natur spüren. Keine Angst vorm Morgen haben und kein Gejammer über das Gestern.
Ein Hund ist dein bester Fitnesstrainer, weil er auf seinen Körper hört und seinen natürlichen Bedürfnissen folgt. Hunde haben keinen Computer und kein Internet.

Ruby und ich leben jetzt sieben Wochen nebeneinander – auch sieben Wochen ohne Vorsätze.

Macht Regen dich glücklich, Ruby?

Ruby hat im Körbchen überwintert – wie ein Bär. Schnee war ein Hermelin der Geborgenheit. Plötzlich weckt uns ein kühles Geräusch aus dem Winterschlaf, das wir schon lange nicht mehr gehört haben: prasselnde Regentropfen. Sie klopfen auf unser Dach, sie zerschmelzen das Weiß, sie wecken den Frühling. Winter ade, Glück juchhe?
Ruby guckt in den Garten – und durchlebt in einer Woche vier Jahreszeiten. Herbst: Alles matscht. Winter: Trotziger Schnee legt sich aufs nächtliche Eis. Frühling: Die Natur erwacht und der Schnee schmilzt wieder. Sommer: Die Sonne strahlt unsere Herzen warm.
Ist das Rubys letzter Frühling? Ihre Hinterpfötchen rutschen. Die Treppe hoppelt sie runter wie Bob-Star André Lange. Ihre Schultern sind schief wie eine kaputte Hütte. Sie geht staksig wie Mandela. Sie guckt wie ein scheues Reh. Sie bettelt um Aufmerksamkeit – und Leberwurst.
Soll Ruby mit in die Skiferien? Unser Rudel fährt nach Berchtesgaden in ein Traumhotel, auch wenn der Schnee schmilzt. Ruby macht bei Omi Ferien. Aber wenn was passiert?
Frauchen sorgt sich: »Sollen wir Ruby nicht mitnehmen?« Mitnehmen bedeutet zu sechst zwölf Stunden im Auto. Das ist keine Tour, das ist eine Tortur für Ruby. Alte Bäume verpflanzt man nicht.
Der liebe Gott weiß, was er tut.

Sonne, Frühling, Schmerzen – Können Hunde schreien, Ruby?

Ein Schrei, der meiner Seele schmerzt und wehtut.
Ein Schrei wie Blitz und Donner.
Ein akustischer Mix aus Werwolf und Cindy aus Marzahn.
Aber es ist kein Kind, es ist Ruby!
Wir stürzen halb die steile Treppe nach unten. Unsere geschockten Augen starren durchs Treppenhaus hinunter auf den kleinen, schwarzen, sich quälenden Pelzfleck. Aber: Ruby steht. Ruby bewegt sich – krumm, schräg, rheumatisch. Ruby lebt. Ihre Pfoten rutschen Schlittschuh wie Charlie Chaplin. Aber was war das? Frauchen ist weiß: »Ich dachte, sie stirbt ...«
Plötzlich strahlt die Sonne in unser Haus wie ein Laserstrahl. Alles leuchtet. Alles ist gut. Wir gehen Gassi in den Garten. Das Weiß ist weg, das Grün wächst. Frühling ist da. Das Leben erwacht wieder. Die Lust. Die Hoffnung auf alles, was möglich ist. Ruby scheint wieder okay. Den letzten Satz ins Haus hüpft sie. Wenn Ruby hüpft, geht es ihr gut. Ruby hat schlechte Momente und gute. Das ist menschlich.
Mittagessen mit dem Rudel. Brutzelndes Fleisch und dampfender Kartoffelbrei. Rubys Lebensgeister erwachen. Sie schnappt nach fallenden Fleischresten wie ein hungriger Piranha. Ihre Schnauze fängt den Bissen im Flug – obwohl Ruby blind ist. Die Kids sind weg. Rubys Näpfchen ist voll: Kartoffelbrei satt. Ruby stößt ihre Stupsnase rein, schleckt, mampft – und genießt, bis alles weg ist. Frauchen lächelt: »Ruby isst mehr als ihr erst siebenjähriges Mini-Herrchen.«
Der Schrei ist verflogen. Aber ein Echo der Sorge bleibt.

Hollywood – ein Paradies für Hunde?

Beverly Hills Hotel, Zimmer 112, 20 Grad.

»Liebe Ruby,

hier blühen Zitronen am Swimmingpool. Ein schwänzelnder gelber Labrador will reinspringen – unter Wasser hört man klassische Musik. Du fehlst mir sehr, weil immer, wenn ich von Dir erzähle, die Augen der Stars leuchten.

Ich soll Dich grüßen von Kirk Douglas. Er ist ungefähr so alt wie Du, fast 100. Er ist und war vielleicht eine der größten Hollywood-Legenden. Und er spricht Deutsch, weil seine Frau aus Hannover stammt. Seine Lebensweisheit: ›Menschen, die keine Hunde haben, sind mir verdächtig …‹

Ist Hollywood ein Paradies für Hunde? Ja und nein! Es gibt auch die zynische Lebensweisheit: ›Wenn du hier einen echten Freund haben willst, dann kauf dir einen Hund.‹

An mir geht eine rassige Frau mit schwarzem Hund vorbei – Penélope Cruz. Elton John hat einen Bungalow gemietet – sein Hund heißt Arthur. Beim Oscar gab es leider keine Hundefilme – außer *Avatar*, in dem es schwarze Kampfmonster gibt.

An der Bar sitzt eine betrübte Frau: ›Meine drei Hunde sind im Hundegefängnis. So was gibt es hier. Sie sind durch meinen Zaun geschlüpft und auf das Nachbargrundstück. Die haben die Polizei gerufen. Für 70 Dollar muss ich sie auslösen – pro Hund.‹

Sylvester Stallone hat drei Hunde – aber einen hat er verloren. Er wurde von Kojoten aufgefressen, die hört man nachts in den Hügeln über Hollywood.

Sei also froh, dass Du bei Omi im Sachsenwald Reha-Ferien machst! Ein kleines Geschenk bring ich Dir mit: einen Hundenapf in Rosa-Weiß. Zum Lachen.

Dein Dich liebendes Herrchen.«

Märchenschnee

Intercontinental Hotel Berchtesgaden, Zimmer 266, 1,20 Meter Schnee, 12 Grad Sonne.

»Liebe Ruby,

14 Tage haben wir uns nicht gesehen, gestreichelt und angehechelt.

14 Tage waren wir frei, aber 14 Tage hast Du mir gefehlt.

Ein Mensch mit Hund ist nicht glücklich ohne Hund.

Omi hat am Telefon erzählt, dass es Dir goldig geht: Schlanker. Glänzenderes Fell. Leuchtendere Äuglein. Warum? Zauber-Diät: Trockenfutter. Und Wald-Jogging mit Omis Hunde-Rudel. Reha für Ruby.

Dein Rudel ist happy hier. Unser Luxushotel thront wie eine James-Bond-Festung auf dem Obersalzberg – früher urlaubte hier Nazi-Bestie Hitler mit seinem Schäferhund Blondie. Wir erwachen 1000 Meter hoch und sehen nur verschneite Berge, darunter auch den 2713 Meter hohen Watzmann. Über Nacht fiel glitzernder Märchenschnee – ein halber Meter. Eine stille Welt in Weiß.

Eine Sieben-Zwerge-Romantik. St. Moritz made in Bayern.

Wenn wir am glücklichsten sind – bei Knödeln, Weißwürsten, Glühwein und Bier auf der sonnigen Ski-Alm –, dann fehlst Du! Du bist unser sechstes Rad am Wagen – seit unzähligen glücklichen Jahren.

Wir schlafen zu lang, essen zu viel, faulenzen nonstop – planschende Schneeballschlacht am dampfenden, 38 Grad warmen Outdoor-Pool.

Aber ein schlechtes Gewissen kribbelt – denn Hunde sind im Hotel erlaubt. In jedem Hund sehen wir Dein Lächeln: An der Hotelbar. Auf der Skipiste – es gibt Ski-Hunde. Selbst in einer Gämse

in der Steilwand über dem mystischen Königsee entdecken wir Dich – mit Geweih.
Liebe ist … Dich zu vermissen! Wir haben Ferien vom Wir gemacht.
Wir werden uns morgen wieder in den Pfoten liegen. Heimzukommen ist das größte Glück.
Dein sonnenverbranntes Herrchen (am Po durch Sonnenbank!)«

Was ist der wichtigste Sinn der Hunde?

Ruby hat unten geschlafen. Das ist ein stummer Schrei. Ruby ist müde, wackelig, apathisch. Sie ist gehörlos, blind und vergesslich. Aber sie ist das Herz unseres Hauses. Sie ist Wachhund, Nachtgespenst und Hofnarr. Aber Ruby ist alt – gefühlte 100 Jahre. Der Tod eines Hundes kriecht durch die Pfoten.
Ruby will nicht mehr die 50 steilen, gebohnerten Stufen zum Schlafzimmerkörbchen hochklettern. Unsere Treppe ist eine vereiste Steilwand. Ruby bleibt in ihrem Stammkörbchen in der Küche, zwischen Kamin und Esstisch. Der Nabel unseres Hauses. Ab heute lebt Ruby horizontal oder ich trag sie.
Ruby braucht den Frühling – keinen Rollstuhl. Sie braucht Saft, Sonne, Energie. Den Willen zum Spaß und zum Leben. Aber Rubys Sinne sind gütig abgestumpft. Wer will schon alles sehen? Alles hören und immer dasselbe? Ruby döst wie ein Spanferkel im Körbchen.
Wie erweckt man Lazarus? Fressen! Frauchen schneidet und schnippelt Fleisch für die Kids. Die sehnigen Reste? Plumpsen ins Näpfchen. Aber keine Reaktion, nur Schnarchen. Frauchens Zaubertrick: Sie fuchtelt mit ihren fleischsaftigen Fingerchen vor Rubys Stupsnäschen. Ruby öffnet die Äuglein, die alte Oma erhebt

sich. Ihre Nase hat Blut geleckt. Die Nase ist die Seele des Hundes: Sie hat 220 Millionen Geruchszellen, der Mensch lediglich fünf Millionen.
Ruby »sieht« mit der Nase. Rubys späte Welt ist ein Paradies der Düfte, Gerüche, Witterungen. Essen ist Parfum. Wir werden Ruby an der Nase zurück ins Leben locken!

Frühlings-Chaos – Wird Rubys Körbchen zum Kerker?

Ruby ist unser Osterhäschen. Sie kommt mit Schwiegeromi von der Reha: Wie neu! Ein Body ohne Knacks, fit wie ein Pony, glitzerndes Fell – verzaubert? Landluft ist Paradies. Omis Hunde coachen Ruby: Renn mit. Schnüffle mit. Bell mit. Oma Ruby spürt im Rudel wieder den Welpen in sich.
Im TV segnet uns der Papst (»Urbi et Ruby«).
Wir öffnen einen Schatz: Champagner vom Ruby-Jahrgang 1993, das Geschenk von einem spendablen Ruby-Fan. Lächelnde Gesichter, saure Münder. Jeder Schluck so alt wie Ruby.
Der Tag geht, Ruby kommt.
Ich streichle sie in den Schlaf. Kaputt liegt sie in ihrem alten Küchenkörbchen. Ich liege neben ihr und streue Mini-Keksknochen als Betthupferl auf ihr Lammfell. Ich löse ihr Halsband. Ich dimme das Licht. Dann schleiche ich mich nach oben – mit traurigem Gewissen. Die feigen Augen blicken nicht zurück.
Nacht. Getapse. Geknirsche. Gerutsche. Ich springe aus dem Bett und starre in die dunkle Schlucht des Treppenhauses: Ruby, das Gespenst, will hoch, heim, in ihr neues, flauschiges Schlafzimmerkörbchen. Aber die Treppe ist ein Gletscher. Ruby war eine Bergziege. Sie wurde zur grätschenden Giraffe.

Jesus ist auferstanden, aber Ruby soll in ihrem Küchen-Exil verrotten? Das Körbchen als Kerker? Ich packe mein Fellherz und trage es in meinen Pfoten wie das Christkind – mit dem Atem eines Drachen – in den Himmel der Daunen.
Ruby schnarcht. Frauchen döst. Mini-Herrchen träumt. Ich wache glücklich.
Ich trage Ruby, bis ihr Flügel wachsen.

Werden wir unseren Hunden immer ähnlicher?

Dein Hund ist dein Spiegel: Zeig mir deinen Hund – und ich sage dir, wer du bist! Warum werden Menschen zu ihren Hunden?
Ruby war wild, neugierig, quecksilbrig, schnell wie ein Wirbelwind. Wir fuhren Porsche zusammen.
Heute ist Ruby halb taub und halb blind – eine Omi. Wenn wir zu zweit Gassi pilgern, tun wir das in Zeitlupe – mit gefühltem Rollator. Zwitschernde Vögel, glitzernde Sonne – aber zwei Halbleichen. Wenn Ruby hinkt, sticht meine Bandscheibe. Wenn Ruby über die Straße schleicht, stoppe ich die Autos mit dem Regenschirm. Früher warfen wir Stöckchen, heute schnüffeln wir an der Laterne.
Das Leben ist langsamer geworden, aber jeder Augenblick auch wertvoller. Unsere Körpersprache spiegelt sich – aus gelebtem Mitgefühl. Mein Lieblingsbein hinkt auch schon – vom Auf-der-Couch-Liegen.
Unser Haus ist unser Himmel. Früher suchten wir das Abenteuer, heute »wohnen« wir. Rubys Lieblingsort: Unser efeuumranktes, schmiedeeisernes, quietschendes Gartentor. Der Efeu ist ihr Duft-Paradies. Eine Parfümerie für Hunde. Hier erschnüffelt sie, wer da war und was passiert ist. Drei Minuten Duft-Glück.

Rubys Lieblingsort im Haus: Ihr Doppel-Fressnapf. 100 Mal pro Tag pilgert sie kreisend um den Küchentisch – und blickt ins Leere. Es darf ja nur drei Mal was drin sein. Aber kaum hat Ruby gefressen, hat sie es auch schon wieder vergessen. Der Fluch der Fresssucht?
Essen ist Leben, Liebe, Geborgenheit und Glück. Ruby, dein Napf wird nie leer sein!

Schlafzimmer-Verbot für Hunde?

Kuschel-Nacht. Regentropfen prasseln. Die Glut des erloschenen Kamins wärmt rot. Frauchen und Herrchen liegen Pfote in Pfote unterm Daunengebirge. Es knistert.
Plötzlich: Grrrrrch! Platzt die Aschewolke? Das Drachen-Schnarchen sägt aus dem Körbchen: Ruby schnarcht wie ein Monster. Frauchen (giftig): »Sie schnarcht ja lauter als du.« Ich (unschuldig): »So schnarch ich? Irgendwie beruhigend.« Frauchen (genervt): »Das geht nicht. Ruby muss raus.« Ich (ungläubig): »Raus – unser Fellherz?« Frauchen (befehlend): »Schieb Ruby im Körbchen ins Bad.« Ich (empört): »In den Marmorkerker?« Frauchen (aufgebend): »Dann musst du ihr Schnäuzchen so hinlegen, dass sie nicht schnarcht wie ein Wildschwein.« Ich krieche zum Körbchen und bette Rubys Stupsnäschen auf den steilen Rand. Plötzlich: Wohlige Stille. Ein Flüstern aus dem Daunenberg: »Komm, Herrchen …«
Drei Uhr nachts. Geisterstunde für schnarchende Geister-Hunde: Taps. Kratz. Knarz. Ratloses Pfoten-Ballett auf knarrenden Dielen weckt ein schlafendes Liebespaar wie heulende Vampire. Ruby auf Geister-Gassi-Trip: Der Horror-Hund. Ruby tapst, sucht, rutscht, fällt, plumpst, jault die Treppe runter. Stille. Gassi auf dem franzö-

sischen Teppich? Alarm! Frauchen: »Das ist dein Köter.« Ich raus. Alarmanlage aus. 50 Stufen runter. Nichts! Ruby guckt mich an. Ich gucke Ruby an. Altersvergesslich? Ich flüstere: »Frauchen ist sauer.« Ruby gähnt. Garten-Gassi. Ich bette sie ins Küchenkörbchen: »Schnarch gut.«
Fünf Uhr früh. Ein Einbrecher schleicht sich tapsend nach oben. Ruby hat Schlafzimmer-Weh.

Ist Ruby blind? Sie sieht nur noch mit dem Herzen

Wir kommen wie ein hinkendes Liebespaar vom Gassi (maisgelb wegen Schonkost). Ich suche den Schlüssel. Ruby sucht die Tür, die groß wie ein Elefant ist. Sie schnuppert am Türrahmen. Ich öffne die Tür. Aber Ruby sieht das Loch nicht. Müde? Zu viel gesehen? Ruby sieht nur noch mit dem Herzen – denn mich erkennt sie ja. Dinge sind unwichtig – Autos, Türen, Geruchloses. Wir Menschen kommunizieren: 1. mit den Ohren. 2. mit den Augen. 3. mit dem Handy.
Unsere Hunde kommunizieren: 1. mit der Nase. 2. mit den Augen (schwarz-weiß). 3. mit den Öhrchen. Rubys Herz sitzt im Näschen. Nur das, was Ruby riechen kann, gibt es wirklich!
Unser Häuschen ist ein Palast der Düfte. Frauchen kocht gerochene 24 Stunden: Rühreier, Pfannkuchen, Käsetoast, Suppenhuhn, Rindergulasch, Spätzle, Spaghetti, Kartoffelbrei, Würstchen, Maultaschen, Pizza, Fischstäbchen, Schnitzel, Seezunge, Käsefondue, Raclette, Curryhuhn, Filetsteaks, Grillwürstchen – schon satt?
Ruby fraß alles – früher! Aber je weniger Fett, Zucker und rohes Fleisch auf dem Ernährungsplan steht, desto länger lebt Ruby.

Also ist Schonkostdiät angesagt. Ruby ist süchtig nach Mais, Erbsen und Kartoffelbrei. Ruby riecht unser Haus. Düfte sind ihr Blindenstock. In ihrem Köpfchen ist eine Geruchsbibliothek gespeichert – auf ewig.

Sie sieht mich nicht – sie fühlt mich. Mehr geht nicht.

Alzheimer? Kranke Ruby reitet in ihren Sonnenuntergang

Ruby ist krank. Ruby ist 16 – menschlich geschätzte 100 Jahre. Äußerlich ist sie ein Engel. Innerlich reitet sie mit ihrem kleinen Hirn in den letzten Sonnenuntergang.

Ruby ist dement. Ruby hat Alzheimer.

Wenn ich sie morgens um fünf Uhr streichle, blickt sie mich an wie Ronald Reagan. Wenn wir abends in der glühend untergehenden Sonne in den Park vor unserer Villa gehen, scheint sie glücklich. Aber wenn ich sie anspreche, sieht sie mich nicht, hört mich nicht und findet unser Haus nicht mehr.

Ruby ist ohne Leine aufgewachsen.

Sie fuhr Porsche, Land Rover und Fahrrad.

Sie ist ein Freund von Altkanzler Helmut Kohl.

Das Ende des Lebens kriecht durch die Füße. Der Tod klopft an den Pfoten an.

Die Stufen zu unserem Haus sind wie eine Kathedrale.

Ruby hat in ihrem kleinen Hirn das größte Gedächtnis des Erlebten.

Sie riecht, sie spürt uns, sie sucht das Zuhause.

Sie spürt die Wolken des Todes.

Aber ich lasse sie nicht sterben.

Einschläfern? Wir haben Ruby ins Leben zurückgegrillt!

Ruby blickt in ihren Abgrund. Das verbotene Wort »einschläfern« kriecht in unser Haus. Rubys Diagnose: Taub. Zu 90 Prozent erblindet. Gedächtnisschwund, sprich dement. Rubys Leibarzt Dr. Fabian von Manteuffel: »Ruby wird wieder zum Kind. Ihr Hirnchen erlebt nach, was sie früher erlebt hat. Aber sie hat keine Schmerzen.«

Sie bekommt Medikamente fürs Doppelherzchen und Köpfchen. Darf man einen Hund in den Himmel spritzen, der uns, sein Rudel, jahrelang mehr geliebt hat als sich selbst? Rudel-Ratssitzung mit dem neuen Garten-Grill. Die Sonne streichelt. Die Würstchen duften.

Plötzlich werden wir mampfende Zeugen eines Wunders. Die Wiederauferstehung der totgeschriebenen Ruby.

Aus der dunklen Höhle unseres Hauses hinkt ein Schatten auf vier Pfötchen: Ruby schnüffelt mit ihrem Näschen im würzigen Wind. Ihr rechtes (Blinden-)Pfötchen tastet sich die Holztreppe zum Garten hinunter. Sie nähert sich den glühenden Kohlen. Ich reiche ihr ein Würstchen. Sie beißt, sie grinst. Wir haben Ruby ins Leben zurückgegrillt!

Ruby, den Sommer, den schaffen wir noch. Wau?

Ruby darf nicht sterben!

Ach, Sonne, unsere Herzen glühen. Auch Rubys. Sie kringelt sich wie ein Würstchen in ihr Körbchen im Schatten. Sie guckt mich mit ihren schalen, blauen, blinden Äuglein an. Ruby ist glücklich. Ich spüre das durch ihre harmonische Körpersprache, die ich seit Jahren entschlüssele. Ruby spricht eben nicht viel.

Unser Fensterputzer ist ein fröhlicher Mensch und liebt Ruby. Ich stehe in der Küche und er schimpft mich aus: »Also, Sie können so was doch nicht schreiben. Ihre letzte Kolumne war so traurig und Ruby geht es doch gut.« Ruby hört zu, blickt auf, schmunzelt und scheint zu nicken – obwohl sie ja nichts mehr hört.
Die Hunde-Republik ist erschüttert! Ruby-Fans schreiben Amok – gegen das Einschläfern: »Ruby darf nicht sterben!« E-Mails, die rühren: »Lassen Sie Ihre Ruby nicht einschläfern! Meine Ruby heißt Tao und ist auch alt und wird immer mehr zum Kleinkind.«
Das Leben ist der Kampf gegen die Angst vor der Wahrheit.
Wahrheit 1: Ruby ist 16, also circa 100. Ruby fand gestern unser Haus nicht mehr. Sie ist dement.
Wahrheit 2: Ruby hat schlechte und gute Tage. Wenn wir grillen, lebt sie: Ihr Näschen ist ihr Herz. Wenn sie auf den Stufen ausrutscht, purzelt und sich übergibt und mich nicht mehr erkennt, weine ich.
Wahrheit 3: Nicht ich, sondern der Rudelrat wird die Erlösung beschließen. Dann, wenn das Leid das Leben zum Schmerz macht.
Das Schöne am Schlimmen?
Jeder Tag ist ein Geschenk. Jeder Tag ist ein kleines Ruby-Leben. Jeden Tag wird uns bewusst, was wir haben und was wir verlieren werden. Ruby und ihr Rudel denken nicht an morgen. Wir grillen heute, wir trinken heute. Wir leben und lachen heute!

Gibt es ein Leben ohne Hund?

Wer sich von seinem Hund trennt, amputiert eine Herzkammer. Ich streichle Ruby. Sie guckt uns nach aus dem Schatten des Hauses. Wir schließen die Tür. Wir fahren schnell weg, weit. Wir schweigen. Im Auto fehlen vier Pfoten. Blitz-Ferien auf Sylt – ohne

Ruby. Zu viel Stress. Zu viele Menschen. Zu viel Fremdes. Unsere treue Babysitterin hütet Ruby allein zu Haus.

Gibt es ein Leben ohne Hund?

Jein! Ohne Ruby hat ein Hirnteil frei: kein Kümmern, kein Gucken, keine Gassi-Pflichten. Nichts müssen müssen. Aber ohne Ruby wird auch das Gefühl amputiert. Ein Phantomschmerz des Herzens: kein Streicheln, kein Schatten, kein Tapsen der Pfoten, kein Schnüffeln.

Dein Leben hat ein Loch. Wir sitzen in der Sansibar – und was fehlt? Wir schlafen im Dorfhotel und können nicht einschlafen. Wir rufen Ruby an. Ruby lässt ausrichten: »Feiert, fresst und sauft nur ohne mich.«

Die schlimmsten Sylter? Die Hundebesitzer! Halbe Kälber haben die. Oder überzüchtete Diven. Der Hundestrand ist wie ein Oktoberfest ohne Bier – aber mit Bellen. Die Hölle. Gott sei Dank habe ich keinen Hund, sondern eine Ruby zu Hause.

Wir rasen heim. Ruby wartet. Keine Vorwürfe. Sie wirkt zierlicher als in meinen streichelnden Gedanken. Wir feiern Grill-Rudel-Wiedervereinigungs-Fest. Ruby riecht die Würstchen.

Alles ist wieder gut.

Grüße an Ruby von Tom Cruise

Sevilla, Hotel Gran Meliá Colón, Suite 705, 28 Grad.

«Liebe Ruby,

Je weiter ich von Dir weg bin, desto näher ist mein Herz bei Euch.

Ich bell Dir: Rudel ist alles.

Ich war in der Kathedrale, wo Goya gemalt hat, um sechs Kerzen für uns zu entzünden.

Keine Kerzen, selbst das Weihwasser ist verdampft.

Nachts treffe ich Tom Cruise, den vielleicht berühmtesten Star der Welt. Er fragt: ›Wie geht es Deiner Familie?‹ Er kennt ja unsere Kinder. Ich quassle: ›Alles gut, alles gesund, nur unser Hund Ruby denkt daran zu sterben.‹ Tom schweigt, nickt, guckt in meine traurigen Augen: ›Ein Teil Deiner Familie?‹ Ja. Deshalb, Ruby, was immer ich übers Sterben schreibe, ist nur die Angst davor. Aber wir sind Christen. Das Leben ist nur der Vorspann des großen Abenteuers Himmel.

Das ist eine Liebes-E-Mail an Dich. Du bist blind, taub und inkontinent. Aber Du bist schön, weise und wie ein Welpe, der mit uns als erstes Kind im Bett schlief. Deine Augen sind wie eine blinde Sonnenbrille. Deine Schnauze ist elegant. Dein Stupsnäschen ist feucht. Deine Pfoten sind gebrechlich, aber immer noch schnell. Dein Popo ist sexy und Dein Schwänzchen ist alt, aber lustig.

Das Schönste an Dir ist das Herz der Erinnerungen. Wenn ich Dich anblicke, wird mein Herz warm und wie in Zeitlupe kommen die schönsten Tage unseres Lebens zurück. Immer wenn ich nach Hause fliege, freue ich mich auf die Tür unseres Hauses. Wenn ich sie öffne und Du blickst mir blind entgegen, ist es, als würde ich im Adventskalender das 24. Türchen öffnen.

Dein ewiges Herrchen!«

Ein Leben ohne Hund ist ein Irrtum

Ruby blinzelt schnuppernd in die goldenen Strahlen, die sie streicheln. Ruby ist senil, ihr Hirnchen schmilzt zum Welpen. Sie fühlt wie ein Baby. Aber die Sonne wärmt ihr altes Herz. Sonne lässt uns lächeln. Sonne ist Lebensbatterie. Ruby erwacht, wenn ihr Rudel feiert, lacht, grillt und Fußball spielt und guckt. Der Grill glüht das Gefühl. Das Parfüm des Glücks ist der Duft der Würst-

chen. Die Kinder fußballern und lachen. Frauchen – knackig braun wie Kakao – brutzelt und duscht den Garten. Ich bewache Ruby vor brummenden Kampfhummeln.
Wir tun nichts und doch alles.
Wir erleben das Leben.
Wir wohnen!
Wie wohnt Ruby?
Sie lebt im Kreis. Unser Haus ist ihre Burg.

1. Ihr Körbchen ist ihr Paradies. Dösen ist Rumhängen.
2. Die Küche ist ihr Laufstall.
3. Ihre Näpfchen sind ihre Freizeitbeschäftigungen – alle 30 Minuten.
4. Die Nacht ist ihre Geisterstunde. Ich habe eine Nacht neben ihr gewacht. Wie ein Gespenst wandelt sie.
5. Um fünf Uhr steht sie auf. Ich auch. Wir gehen dann Gassi und der Tag erwacht wie ein Geschenk, das man lächelnd auspacken muss.

Ein Leben ohne Hund ist ein Irrtum! Das wusste schon Carl Zuckmayer.
Im Juli fliegt das Rudel nach Mallorca – ohne Ruby. Grausam? Egoistisch?
Das Gegenteil. Optimistisch: Ruby wird nicht abkratzen, solange die Sonne scheint.

Scherz oder Schmerz: Zicken-Oma Ruby wird zu Heidi Kabel

Unser Hund ist unser Herz. Aber das Herz scherzt und schmerzt.
Ruby ist Oma, lebende Leiche, Clown.
Jeder Tag ist eine Komödie. Vorhang auf.
Ruby als Komiker, die Treppe ist ihre Rutsche. 90 Prozent blind schlittert und purzelt sie die Stufen runter ins Leben. Lachen oder weinen?
Ruby als Zicken-Gourmet: Nix frisst sie, Hundefraß hasst sie. Sie liebt nur, was ich esse: Kartoffelbrei – nur warm. Rührei. Grillen nonstop. Spaghetti. Hungern oder füttern?
Ruby – die Todessüchtige! Medizin isst sie nicht. Ich verstecke halbierte Pillen im Würstchenzipfel. Sie pult mit ihren Drachen-Zähnchen die Tablette raus – und frisst den Rest. Sterben oder Leberwurst-Kanonenkugeln – Fettbomben mit versteckter Pille?
Ruby – die Unkrautvertilgungs-Bestie. Warum ist unser putziger Pflasterstein-Gartenpfad gejätet wie Schloss Bellevue? Durch Gift-gas-Gassi. Zehn Mal täglich pinkelt Ruby in die Ritzen. Die Säure zersetzt alles Unkraut.
Ruby ist unsere Heidi Kabel. Zittrig, mit Rollator-Pfoten, dusslig, schwerhörig, aber schmunzelnd. Doch jeder Vorhang könnte der letzte sein. Deshalb ist jede Vorstellung so lebendig, so unwiederbringlich, so jetzt. Rubys Körbchen ist unser Ohnsorg-Theater.
Die Kunst des Theaters und des Lebens: Action. Wir müssen unser Herz rauslocken – in den Alltag. Ruby muss leben wollen und nicht nur dösen dürfen. Wie? Durch Liebe, Zeit, Zärtlichkeit – und Grillwürstchen, das Parfum des Lebens.

Zärtlichkeit schenkt Lebenszeit oder Kann man Hunde glücklich streicheln?

Wie Jogi, Schweini und Co. hat Ruby sonnige und schattige Tage. Die Sonne glüht. Aber Ruby ist ein Wrack. Ihre Körpersprache sind verknotete Knochen. Ein Mix aus Vogelscheuche und Heuschrecke. Ihr Körper weint: schiefe Öhrchen, eingeklemmtes Schwänzchen, einknickende Pfötchen. Ihre blind blinzelnden Äuglein gucken mich sehnsüchtig an.

Was will ein Hund, der 100 wird? Drei Dinge: Zeit von seinem Menschen, Zärtlichkeit aus streichelnden Händen – und Grillwürstchen. Wenn sich ein Mensch vor seinen Hund kniet, ist das wie eine Umarmung: gelebte Nächstenliebe, gestreichelte Zuneigung, berührtes Glücksempfinden. Ich streichle Ruby mit beiden Händen und ich küsse sie auf ihren Nasenrücken, kraule ihre Öhrchen und murmle ihren Namen. Meine streichelnde Hand scannt ihr Fell und spürt ihren gelebten Körper: Huppel, Warzen, Ausbuchtungen, schlottrige Muskeln und zittrige Zuneigung.

Streicheln macht glücklich!

Streicheln ist Kontakt, Vibration, Chemie, Wärme, Geborgenheit, Einswerden.

Streicheln ist Massage, Yoga, Kitzeln, Anklopfen.

Nach zehn Minuten ist Ruby ein neuer Hund – länger hält man ihren Drachen-Atem nicht aus. Frauchen ist die Zärtlichste im Rudel. Sie gibt einen neuen Ruby-Befehl aus: »Jedes Rudelmitglied muss Ruby jeden Tag zehn Minuten pflicht-streicheln.« Fünf Menschen sind 50 Minuten lebensverlängernde Zärtlichkeit. Einzige Ausrede: zehn Minuten grillen statt streicheln. Denn: Wurst bedeutet Glück.

Ruby im Paradies des Schattens

Sonne. Die Strahlen streicheln, dann stechen sie und dann grillen sie uns. Der Himmel der Hunde ist der Schatten. Ruby döst VOR ihrem Körbchen – es ist zu kuschelig. Ruby hechelt. Ihre Fellbrust pumpt. Die Hitze wird zum Horror.

Frauchen wird zum Schutzengel: »Wir duschen Ruby sanft und kühl mit dem Gartenschlauch.« Das Rudel stöhnt und nickt. Wir wecken Ruby. Sie blinzelt uns blind an. Die Karawane zieht in den Garten. Frauchen hebt den Schlauch, lächelnd, drohend.

Ruby zittert: Angst? Ich stehe als Henker am Wasserhahn: duschen oder dösen? Ruby ist alt: Kann ein Kälteschock zum Herzkollaps führen? Anruf bei einem Hundeflüsterer: »Ruby ist zu alt für solche Scherze. Vorsicht vor einem Adrenalinschock. Lieber lebend schwitzen statt zitternd sterben.«

Das Rudel pilgert zurück in den Schatten unseres kühlen Hauses. Ruby wirkt erleichtert. Sie guckt, ob Wasser im Töpfchen ist. Aber wie soll eine Blinde etwas Durchsichtiges sehen? Trick: Meine Finger wirbeln sprudelnde Wellen – aber Ruby hört ja nichts mehr. Ruby stülpt ihr Näschen ins Nasse: Es schlabbert. Der Sound der kühlen Nässe.

Der Schatten ist Rubys Paradies. Hunde haben einen Wohlfühlinstinkt. Sie finden ihren Fleck des Glücks. Ruby döst sich glücklich.

In der Nacht der Fußballtränen (0:1-Niederlage gegen Spanien) träumt Ruby – statt mit dem Rudel den Albtraum zu gucken. Ruby lebt im Hunde-Schland.

Sieben Glücks-Tipps von Ruby gegen Hunde-Hitze

Ruby ist ein Löwe. Sie döst 23 Stunden am Tag. Schatten statt Sonne.
Dösen ist nicht Schlafen. Dösen ist nix tun, um nix sorgen, nix planen.

Sieben Glücks-Tipps von Ruby gegen die Hunde-Hitze:

1. Saufen

Trinken, was man findet, und sich von Trinknäpfen umzingeln lassen. Fünf Liter Wasser oder fünf Flaschen Bier.

2. Wind suchen

Alle Fenster aufreißen, alle Türen. Alles öffnen, was Zug erzeugt.
Hundeweisheit: Ruby liegt immer im Schnittpunkt des Luftzugs, der durchs Haus weht.

3. Schatten ist die Sonne der Schlauen

Immer schön im Schatten bleiben, nicht in der Sonne dösen.
Ruby liegt immer im Schatten: Der kühlt, der beruhigt – und braun wird man trotzdem.

4. Kneipp statt Kneipe

Wasser satt. Der Pfarrer Sebastian Kneipp predigte: Trinken. Spritzen. Planschen. Schwimmen. Baden. Duschen. Hunde lieben kühlende, zärtliche Wasserschläuche: sanft übers Fell, übers Schnäuzchen und über die Pfoten.

5. Autos sind Öfen

Kinder und Hunde lässt man nicht im Auto.

6. Fressen light

Grillen weckt Urinstinkte, aber Fett macht schlapp. Je leichter, desto lebendiger. Ruby verweigert Hundefutter (Gulasch-Gefühl). Sie liebt Fisch.

7. Siesta nonstop

Ausruhen, wo und wann immer. Das Gefühl »große Ferien«. Ist denn schon in fünf Monaten Weihnachten?

Ein Hunde-Märchen zum Ferien-Freuen

Mallorca, St. Regis Hotel Mardavall, Zimmer 582, 26 Grad. Bier, sechs Grad.

«Liebe Ruby,

regnet es bei Dir? Sei froh! Lass Dich streicheln. Döse, träume, wohne.

Wir vermissen Dich, auf eine gewissenlos angenehme Art. Wir tun nix. Wir brutzeln – sehr schweißtreibend. Wir planschen. Ich lese den neuen Schicksals-Schinken von Ken Follett: *Sturz der Titanen* – 1022 Seiten. Ferien sind Flucht vor der Pflicht. Wir müssen nix müssen müssen.

Wir sind zehn Tage getrennt – aber das verbindet auch. Ich fühle Dich in jedem Hund, den ich sehe.

Ein schwarzer Streuner läuft über die gefährliche Straße – und überlebt einsam. Der Finca-Labrador Ocean döst kurz geschoren am Swimmingpool unserer Freunde – eingeflogen. Du bist nie in Deinem Leben geflogen. Du warst immer zu Hause.

Deine Flügel sind die Geborgenheit. Die Benediktinermönche nennen diese Weisheit ›stabilitatis in loco‹ (Das Glück des ewigen Ortes).
Mallorca ist auch ein Ort der Sorglosigkeit – nur für Sylter ist es die Hölle. Unser Bundespräsident, das oberste Herrchen der Nation, ist auch da.
Unser Rudel spielt Fußball und badet im Pool mit WM-Stars: Xabi Alonso mit Bart, Robin van Persie mit oranger Badehose und Deutschlands Marko Marin mit Handy. In den Ferien sind wir alle gleich.
Wie viel Zeit bleibt uns beiden wohl noch?
Wir müssen jeden Tag schätzen, an dem wir uns gegenseitig streicheln können.
Aber auch wenn wir uns verlieren, werden wir uns wiedertreffen – hinter der ›Regenbogen-Brücke‹.
Dein einsames, aber glückliches Herrchen!«

Wo dein Hund ist, ist dein Zuhause

Ferien, Job, Berlin, Sylt. Alles ohne Ruby. Eine lange Zeit ohne hündische Gefühle.
Ich komme heim, kofferschleppend. Keiner ist da. Tür. Schlüssel. Aus dem dunklen Flur blicken mich alte, neugierige, liebende Augen an. Ruby sieht blendend aus und ist schöner denn je.
Wenn du länger weg warst, spürst du, dass dein Zuhause da ist, wo dein Hund wartet – und der Rest.
Ich fliege nach Santa Monica am Pazifik. Zwischenstation Paris. Ich rufe Frauchen an vor dem zwölfstündigen Flug: »Wie geht es Ruby? Sie streichelt Ruby und schimpft mich zärtlich aus: »Du schreibst Quatsch! Schreib mal die Wahrheit. Ruby geht es super.

Ihr Fell glänzt wie ein alter Zobel. Ihre Figur ist schlaksig wie ein Rennpferd in Rente. Sie ist immer noch ein Gourmet, der nicht alles frisst. Schreib das doch mal.«

Bei einem Krebs-Essen auf Sylt schüttelt eine elegante Dame ihren schönen Kopf und schmollt: »Ich lese jeden Samstag die *Bild* Zeitung wegen Ruby. Aber das Gejammer halte ich nicht mehr aus.«

Ich: »Aber es ist die Wahrheit.«

Ist die Wahrheit, was wir sehen – oder was unser Herz spürt?

Vergessen wir, dass Ruby fast 100 ist. In ihr lebt immer noch eine Neugier, ein Staunen und eine Energie, die wir Menschen vergessen haben. Wenn wir bei Nieselregen Gassi gehen, erschnuppert Ruby die Natur, wie wir TV gucken. Sie riecht das duftende Gras, den salzigen Wind und das Paradies ihres Gartens. Ruby ist ein großes Herz auf vier Pfoten. Wenn sie lange allein und einsam auf ihr Rudel wartet, wachsen ihr plötzlich wieder Flügel.

Wer liebt, altert nicht.

Lieben Hunde das Leben auf dem Boot?

Pst! Wir haben uns einen Traum geschenkt – in Weiß-Blau, der glänzt, schaukelt und gleitet. Ein ganz kleines Motor-Boot – eine »Aquador«.

Eine kleine, schwarze Wolke mit wedelndem Ringelschwänzchen verdüstert unseren Traum: Will Ruby mit an Bord?

Wir packen Ruby ins Auto, die Kinder und unsere Träume. Ziel ist die Ostsee, der Jachthafen Ancora in Neustadt/Holstein. Unser kleines Rudel schnüffelt sich zum Bootsmakler. Ein lächelnder Herr winkt mit dem kleinen Bootsschlüssel. Freitag, der 13. – unser Glückstag?

Ruby blinzelt in die Sonne. Die salzige Meerluft kitzelt ihr Schnäuzchen. Sie liebt eine steife Brise. Wir tippeln in einen Hangar. Ganz am Ende steht unser Traum aufgebockt: unsere Mini-Motorjacht, ungefähr 130 Meter kürzer als die von Abramowitsch.
Ruby guckt, aber sie riecht nur die frische Farbe. Die Kinder klettern in die Kajüte und begeben sich auf Entdeckungstour, aber Ruby bleibt kühl, distanziert, etwas fern. Vom Trockenruder aus wirkt Ruby ganz klein und weit weg.
Ich glaube, Ruby ist kein Matrose. Ruby ist kein Seehund, sondern eine Landratte.
Wir schnuppern uns durch den Hafen. Wir teilen uns Buletten mit Pommes frites. Wir staunen über die glitzernden Boote, die sanft im Hafen schaukeln. Das Land schaukelt nicht. Wir sehen einige Bootshunde von den Schiffen gucken, aber einen alten Hund kann man nicht verpflanzen auf wacklige Wellen – obwohl wir eine winzige Hunde-Koje haben.
Es wird dunkel. Wir steigen beschwingt ins Auto, verträumt und glücklich. Wir gleiten auf der Autobahn zurück nach Hamburg. Zwischen meinen Knien guckt mich Ruby schläfrig an und ich spüre, was sie denkt: »Mein Käpt'n, bring mich sicher heim in mein Körbchen.«

Rubys Flaschenpost an das Jacht-Rudel

Das Rudel ist geflohen – ohne Ruby. Wir gleiten auf unserer neuen Mini-Jacht über die Wellen der Ostsee – mit pochenden Herzen, Kühlbox, iPad und miesem Gewissen und Blitz und Donner. Gewitter. Wir kuscheln.
Mein Traum öffnet eine Flaschenpost am Horizont. Ich erkenne die zittrige Pfoten-Schrift.

»Liebes, lebenslanges Herrchen,
ich bin allein daheim, aber nicht einsam, nicht unglücklich. Mein Herzchen ist bei Euch. Wenn es Euch gut geht, schlaf ich sanft.
Ich bewache das Haus, obwohl ich die Stufen nicht mehr schaffe.
Drei Mal pro Tag führt mich Kindermädchen Nitti Gassi – sie ist die netteste Gefängniswärterin der Welt. Ich warte oft an der Tür, aber Ihr kommt nicht.
Wenn ich nachts im Körbchen die Augen schließe, sehe ich Euch glücklich über die schäumenden Wellen schießen. Dann bin ich auch glücklich, denn wenn es dem Rudel gut geht, geht es mir gut.
Ihr müsst nicht traurig sein, dass Ihr mich zurückgelassen habt.
Mein Körbchen ist meine Jacht.
Ich bin sehr alt und sehr müde und unser Haus ist unsere Burg der Geborgenheit.
Abenteuer haben wir genug erlebt. Ich wohne jetzt und döse in den Tag.
Du, Herrchen, hast stets auf mich aufgepasst – jetzt gebe ich Dir frei!
Streichle lieber Frauchen statt mich.
Genießt das Leben – ich warte auf Euch. Denn ich weiß: Es wird Sonntag, die Sonne geht unter und die Tür geht auf und Ihr seid wieder da und alles ist wieder gut.
Ich umarme Euch mit allen vier Pfoten! Immer Eure Ruby
(nach Diktat Gassi im Park)«

Die Weisheit unserer alten Ruby

Ruby ist der Mario Adorf der Hunde.
Beide sind wild, alt, weise, Abenteurer, Lebenskünstler – und happy im Winter ihres Lebens.

Warum? Was ist das Geheimnis des Glücks?
Ein 3-D-Leben: Action statt Zaudern, Handeln statt Passivität, Lachen statt Leiden!
Halb taub, halb blind, aber demütig und dankbar für ein reiches Leben.
An der Alster lief sie Wettrennen mit Windhunden – sie war der schnellste Hund Hamburgs. Im Schoß von Frauchen fuhr sie 200 Kilometer nachts im Porsche – und sprang dann aus dem Fenster. Sie lebte intensiv. Wir schmuggelten Ruby in die Klinik, als unser erster Sohn vor 14 Jahren geboren wurde.
Ruby ist gefühlter Taufpate aller unserer drei Kids. Ruby war die Erste, die aufstand, und die Letzte, die einschlief – mit uns allen. Sie ist der Pate unseres Familienglücks.
Sie lehrte uns das Wichtige im Leben: im Jetzt leben und den Augenblick genießen. Die Natur spüren und das kleine Glück des Alltags mit allen Pfoten festhalten. Keine Angst vorm Morgen und keine Sorgen wegen gestern.
Ein Hund hat keine Taschen – aber eine Spürnase fürs Leben.
Ruby – gib uns einen Lebensrat. Warum sind Hunde draußen glücklicher als drinnen?
Ruby gähnt:
»Mit TV wirst du nicht happy. Mit deinem iPhone, iPad und iCo. wirst du nur iBlöd. Wir Hunde empfinden jeden Tag als Geschenk und Wunder. Schnüffle dich doch um. Riechst du nicht, wie faszinierend die wirkliche Welt ist? Wer mit seinen Sinnen die Welt spürt, empfindet das Wunder der Schöpfung.«
Und warum kuschelst du dauernd dösend in deinem Körbchen?
»Weil alles seine Zeit hat.«

Pillen machen Hunde happy

Ruby geht es goldig – besser, als ich immer fürchte. Sie frisst das helle Hühnchenbrustfleisch, das Frauchen ihr in den Garten gelegt hat. Ich sitze auf der Terrasse in der Sonne und streichle Ruby mit den Augen.

Es sind sieben rutschige Stufen, die von der Wiese ins Haus führen. Rubys Pfoten tasten sich nach oben – und plötzlich hüpft sie mit ihrem Po wie ein Häschen nach oben. Hopp, hopp, hopp. Schmunzel, schmunzel ...

Woher nimmt Ruby diese Kraft? Es ist ihr größtes Geheimnis: Sie ist ein Drogen-Junkie.

Natürlich ist Herrchen schuld: Rubys Herz flimmert. Deshalb kriegt sie Wunderpillen, morgens eine zerbrochene und abends. Weil ich aber Arzt- und Jägersohn bin, gebe ich Ruby immer heimlich die doppelte Dosis. Deshalb strotzt Ruby voller Lebensfreude und Kraft.

Und weil ich sie so liebe, gebe ich ihr alle Drogen, die sie liebt: Pommersche Gutsleberwurst – ich forme kleine Knödel und verstecke darin die Pillen. Kartoffelbrei – ich stehle immer von unserem jüngsten Sohn die Hälfte, die noch warm ist, salze sie und verstecke sie in Rubys Näpfchen. Fleischsoßen zum trockenen Hundefutter. Kleine Schnitzel. Und Ihr neuestes Lieblingsfutter: gelber Mais.

Wenn Frauchen nicht guckt, gibt es auch Plätzchen. Das wirkt alles unvernünftig, aber ich glaube an die Kraft von Soul-Food: Und wenn man frisst, was man liebt, bedankt sich der Körper durch Glücksgefühl. Ich trinke auch Kaffee mit Zucker und Milch, obwohl das alles ungesund sein soll.

Ruby liegt jetzt mit ihren Pfötchen neben ihrem Körbchen, weil es ihr draußen zu warm war. Sie döst.

Warum? Weil Frauchen Kekse backt. Die Luft duftet süß – wie im Paradies.

Ruby, bist Du der älteste Hund Deutschlands?

Hotel Moika 22 Kempinski, St. Petersburg, Zimmer 740.
»Liebe Ruby,
wir zwei sind ja schon ganz schön alte Hunde.
Aber ich verspreche Dir: Wenn wir zwei wiedergeboren werden, muss ich Dir St. Petersburg zeigen – es ist die schönste und geschichtsträchtigste Stadt Russlands. Es ist ein bisschen wie Venedig – nur viel größer.
Ich bin hier, weil ich Ken Follett treffe – einen der erfolgreichsten Schriftsteller der Welt. Er hat zwei sehr edle Labradore. Wir haben dann kurz über Dich gesprochen und dass Du halt schon alt bist und ich hoffe, Deinen 17. Geburtstag am Nikolaustag mit Dir zu feiern.
Jemand fragte mich, ob Du denn der älteste Hund Deutschlands seist?
Ich hab Ja gesagt – aber ich weiß es natürlich nicht.
Vor Kurzem traf ich einen Mann, dessen Dackel mit 21 Jahren gestorben ist.
Du bist ja kein Rassehund, sondern ein Jack-Russell-Mischling, und die können sehr alt werden.
Wir werden noch ganz viel Zeit zusammen haben.
Dein Dich kuschelndes Herrchen, das Dich morgen wieder in seine Pfoten nehmen wird.«

Ahoi! Ruby ist kein Seebär

Ahoi, das Rudel sticht in See – wir kutschieren mit unserer Mini-Motorjacht zum Gardasee.

Ohne Ruby? Ohne! Wir haben es noch mal versucht. Wir fuhren mit Ruby zur Ostsee – es war eine Zitterpartie. Ruby fühlte sich im Fußraum des Beifahrersitzes trotz Körbchendecke nur unwohl, sie hechelte, sie strampelte, sie zitterte.

Im Jachthafen wollten wir Ruby unser Boot zeigen. Vielleicht schleckt sie ja Salzwasser? Früher steckte sie ihr Näschen in den salzigen Wind – und ihre Pfoten pflügten durch die schäumende Brandung. Aber heute ist Ruby wackelig. Ihre Hüften hängen und ihre Beinchen knicken ein. Ihre Äuglein blinzeln blind und hören tut sie nur, wenn sie hungrig ist.

Ruby war wieder glücklich, geborgen und zitterfrei, als wir unser Zuhause öffneten. Ruby ist zum Wohnhund gealtert. Aber wie singt man so schön im *Rosenkavalier*: »Jedes Ding hat seine Zeit.«

In London traf ich Traumfrau Eva Mendes und wir sprachen über unsere Hunde: »Ich drücke die Daumen, dass Ruby bis Weihnachten durchhält.« Wir drücken alle Daumen des Rudels.

Wir sind jetzt mal weg – aber unser Kindermädchen bleibt und streichelt die Pfoten von Ruby …

Glückliche Ferien – ohne Hund?

Hotel Bellerive, Salò, Gardasee, Zimmer 106/107.

Gibt es Glück – ohne Hund? »Si!«, wie wir Ferien-Italiener seufzen. 1360 Kilometer schleppten wir – das Ruby-lose ruchlose Rudel – unsere Mini-Jacht in 18 Stunden durch Europa über die Alpen ins Paradies Gardasee, die Nordsee Italiens, 52 Kilometer lang und 364 Meter tief. 23 Grad Sonne, 21 Grad Wellen, sechs Grad kühle

Bierbüchse. Unser Boot glitzert im Hotelhafen – 20 Meter Blickdistanz vom Frühstücksbett.
Glück im Unglück – ohne Ruby?
Früher waren Ferien ohne Ruby Urlaub mit Phantomschmerz. Eine Auszeit voneinander. Wir vermissten ihr Tapsen, Streicheln, Betteln, ihren Schatten, die Zärtlichkeit. Aber wir wussten: Ruby ist happy bei Omis Hunderudel.
Heute ist Rubys Körbchen ihre Burg. Ruby ist Haushund. Sie wohnt. Sie will nicht raus, weg, woanders sein. Der Kreis ihrer Sehnsucht hat sich geschlossen. Ruby ist bei sich selbst angekommen. Alles Glück findet sich zu Hause. Gibt es mehr Glück als Leberwurst?
Ein Schutzengel behütet Ruby – unser Kindermädchen ist in unser Haus gezogen. Sie schläft bei Ruby, sie erwacht mit Ruby – betreutes Allein-zu-Hause-Sein.
Wir gleiten mit 20 Knoten über karibisch grünes Wasser und Udo Lindenbergs Stimmen-Sound schwebt über die Gischt: »Der Greis ist heiß …«
Wenn du durchhältst, gibt es nichts Stärkeres als uns zwei.
Wenn es am schönsten ist, kommen die Wolken. Es nieselt ins Glück.
Ruby – wir kommen heim.
Nur noch ein Zwischenstopp in Herrchens Bayern, im Brauereigasthof Aying – Knödel, Braten, Bier und Ausschlafen – dann liegen wir uns wieder in unseren Pfoten.
Da, wo das wahre Glück lebt – in uns selbst.

Erkennt mich Ruby nach zehn Tagen wieder?

Seufzend und knirschend bremst unser Auto mit Bootsanhänger glücklich vor unserem Haus. Die Kids juchzen. Heimweh. Heimat. Home. Und Hund. Eine Kastanie poltert aufs Dach – endlich zu Hause.

Sieben Tage Gardasee. Ein Tag Südtirol. Ein Tag Oberbayern. Ein Tag Nürnberg. Jede Nacht schliefen wir ein mit schlechtem Ruby-Gewissen. Geht es ihr gut? Streichelt sie die Dog-Sitterin? Erkennt uns Ruby nach zehn Tagen Einsamkeit wieder?

Schlüssel im Schloss – kein Bellen.

Tür auf. Ruby-Rufe.

Ein schwarzer, magerer Schatten schält sich schlurfend aus dem Flur – ein Gespenst?

Nein, Ruby live.

Dünner. Schlaffer. Lahmer.

Po kleiner, Hüfte schmaler, Augen glasiger, Fell stumpfer.

Sie spürt uns – aber sieht uns nicht, hört uns nicht. Sie schnuppert an unseren Fingern. Sie riecht Kaffee, Gummibären, Schinken, Croissant, Kastanien, Streicheln. Tüten voller Mitbringsel. Oben liegt ein angebrochener, verschweißter Parmschinken.

Lag! Die Hülle ist leer. Rubys Zunge schleckt grinsend. Schock: Schweinefleisch kann tödlich sein. Rohes Schwein kann einen für Hunde tödlichen Herpes-Virus einschmuggeln. Frauchen zuckt bleich ihre sexy Schultern: »Das bringt Ruby auch nicht mehr um.«

Wir gehen Glücks-Gassi im Park. Rubys Körper erwacht – durch ihr Schnäuzchen. 1000 Herbstdüfte. Das Parfüm der melancholischen Natur. Ruby ist im Herbst ihres Lebens – innen, außen, riechend. Goldene Blätter flattern, rascheln, kuscheln.

Rubys Pfoten spielen. Ihre Nase lebt.

Sie schnuppert den Kamin der Geborgenheit.
Es wird unser letzter, aber schönster Winter werden.

Ruby Gaga? Senile Körbchen-Flucht

Irgendwann hört alles auf. Oder?
Als Loki Schmidt mit 91 Jahren einschlief, wischte ich meine Augen und dachte an die fast 17-jährige Ruby. Der Mensch ist oft sein eigener Spiegel. Wir sind, was wir sehen. Loki war nicht der Schatten von ihrem Mann – sie war seine Sonne.
Ruby ist mein Spiegel. Wer seinen Hund anschaut, sieht sich selbst – ein bisschen.
Ruby ist fast blind, wie ich: Seit über 50 Jahren weigere ich mich, eine Brille zu tragen.
Wir gehen nachts Gassi. Zehn Stufen müssen wir aus unserem Haus raus. Ruby kennt die Stufen – aber sieht sie nicht, nachts. Voller Lebensmut springt sie, verpasst Stufe drei und purzelt wie ein Clown auf den Rücken. Ich spüre einen Schock – und muss synchron schmunzeln.
Ruby, die Oma, wird zum Welpen. Das Alter trifft die Kindheit – und dann ist alles Leberwurst. Ruby ist unsere Sonne – auch wenn sie untergeht.
Früher haben wir eine günstige Wurst gekauft, um die Herz-Pillen im Leberknödel zu verstecken. Jetzt kaufe ich die beste Leberwurst der Welt. Was ist der Sinn des Lebens, wenn es nicht das Leben ist? Leben und leben lassen – und Leberwurst.
Das Herz des Hundes ist sein Körbchen – Ruby besitzt drei. Aber Ruby schläft nicht mehr drin, sondern davor: Ihre vier Pfötchen liegen drin, aber ihr schnarchender Rest liegt wie ein Bettler davor. Warum?

Ich glaube, Ruby will frei sein.
Je älter man wird, desto weniger braucht man.
Sokrates trug keine Schuhe.

Party der Monster – mit Ruby?

Wer Hunde hat, ist happy.
Wer Kinder hat, ist noch happier.
Bis zum Kindergeburtstag.
Mini-Herrchen wird acht und lädt seine sechs Lieblingsmonster zur Übernachtungsparty und zum Public Viewing von *Schlag den Raab* ein. Ein Horrorwochenende?
Ruby hat 32 Kindergeburtstagsschlachten überlebt. 1000 Würstel fielen ab. Gute Hunde lieben Kinder. Aber Ruby und ich sind faul, müde und Wochenende ist Pause vom Alltag. Früher haben wir uns im Schlafzimmer, 50 steile Stufen hoch über allem, versteckt. Aber die Welt von Ruby ist heute die Küche, das dampfende Herz des Hauses.
Plötzlich bricht die Party aus: Gummigeschosse aus Plastikmaschinenpistolen. Bobrennen im Treppenhaus mit Schlafsäcken. Küchenschlacht mit ploppendem Popcorn. Das kleine Wunder: Ruby, die weise, alte Omi, schlafwandelt mit jahrelang antrainierter Gelassenheit durch die 14 Chaosbeine.
Als die Sendung beginnt, bricht das Kindergähnen aus: ein Tennismädchen verliert alle Kämpfe, circa 60 zu 0. Die Kinder stecken Taschenlampen ein und spielen *24* im Keller, inklusive Atomalarm. Plötzlich umarmt uns eine Stille. Ruby und ich liegen uns in den Pfoten – vorm knisternden Kamin und zappenden TV-Schirm.
Draußen sind die Bäume golden, drinnen flackern die Kerzen.

Die Kampfmonster liegen säuselnd in den Schlafsäcken und der Mond geht auf.
Ruby tapst zum Abendmahl und stolpert über einen Doppelnapf und klatscht mit ihrem Schnäuzchen platschend ins Wasser.
Wir schmunzeln beide. Wir werden tapsiger.
Mein Kopf macht eine Notiz: Zum 17. Geburtstag am 6. Dezember kriegt Ruby ein Hochnäpfchen! Sie muss sich nie mehr bücken und kann wie ein Pferd waagerecht fressen.

Wenn Hunde wieder zu Welpen werden

Nur noch sieben Wochen bis Weihnachten.
Aber das Schicksal hat uns schon ein Baby geschenkt: Ruby ist reif für Windeln. Oma wird wieder Welpe.
Warum? Ruby ist eine Greisin. Ruby ist vergesslich – und vergassilicht.
Um fünf Uhr früh tobt ein Kampf in unserem Ehebett. 50 Stufen weiter unten knarzt das Parkett, der Hausgeist Ruby-Buh ist erwacht. Gassi-Alarm! Ich stelle mich schlafend, Frauchen stellt sich schlafend. Hilft aber nichts. Frauchen rast wie ein Feuerwehrmann in die Küche – zu spät. Zärtliche Schreie schallen durchs Treppenhaus bis in meine Daunen: »Du Pissnelke«. Wir sind niedergeschlagen.
Ruby versteht die Aufregung nicht. Ihr Hirnchen ist leicht dement und ihr Popöchen inkontinent, was man aber natürlich vergisst, wenn man Alzheimer hat.
Was tun?
Empathie – Mitgefühl. Aber das nützt auch nichts.
Ruby muss nachts Windeln tragen wie ein Baby mit einem extra Schwänzchen-Loch.

SOS-Maßnahme:
Abends wenig Wasser.
22 Uhr: letzter Gassi-Gang.
23 Uhr: beten: Herr, lass es heute nicht mehr regnen.
5 Uhr: Guten Morgen, feuchte Sorgen.
Vielleicht frisst Ruby zu feucht? Sie liebt Soßen, Suppe und Marmorkuchen. Sollen wir Ruby auf Trockenfutterdiät umstellen, also entwässern?
Wir müssen die Flut stoppen!

Ruby und die Majestät des Alters

Der Wecker pfeift voller Liebe.
Mini-Herrchen David hat 14. Geburtstag.
Ich schlafwandle nach unten in die Küche.
Ruby schnarch-schnorchelt wie ein Baby.
Ihr schwarzes Fell atmet wie eine Kaschmirdecke auf dem Kuschelkörbchen.
Meine Hände heben Ruby raus, ich drücke sie an meine Brust und ihr Drachen-Atem gähnt.
Wir schleichen uns ins Kinderzimmer, da liegt unser ältester Sohn. Ruby war dabei, als er in der Klinik geboren wurde – reingeschmuggelt. Ruby hat alles miterlebt. Sie ist majestätisch, gealtert, gereift. Sie tippelt durch die Geschenkberge. Steckt ihr Näschen in ein Stück Käsekuchen und erschrickt auch nicht, als auf der Torte die Funken sprühen.
Ruby war schon ein halbes Jahr nicht mehr in den Kinderzimmern, weil sie nicht mehr in den ersten Stock hochkommt. Sie schnüffelt mit neuer Neugier – zwischen Lego-Star-Wars-Raumschiffen, *Bravo*-Heften und Nerf-Gummigeschoss-Maschinenpistolen.

Als ich sie wieder runtertrage, duftet ihr Fell nach Schlaf. Vor 14 Jahren hielt ich unser erstes Kind in den Armen – und alles hatte sich verändert. Heute trage ich Ruby, unser Oma-Baby, wie das Christkind.

Rubys Trostgeschenk ist ein ein Giraffen-Duo-Näpfchen. Es sieht aus wie ein eleganter Pferdetrog: Die Schüsselchen sind auf Rubys Halshöhe. Ihr Köpfchen muss sich nicht mehr bücken. Sie sitzt jetzt auf dem Ringelschwanzpopo und ihre Zunge ist auf Napfhöhe.

Ruby ist uralt – aber mit Haltung. Ruby genießt ihr Alter wie ein Hobbit seine Höhle. Das Draußen wird kalt. Drinnen wird es warm. Ich hole Holz für den Kamin und wir freuen uns auf das Wochenende.

Ruby rodelt in den Winter ihres Lebens

Hunde sind die einzigen Lebewesen, die uns noch mehr lieben als wir uns selbst.

Happy Birthday, Ruby. Du wirst 17. Du lebst.

Als Mensch wärst du ein Methusalem. Du bist schuld an unserem Glück.

Du warst unser erstes Baby, du hast als Welpe in unserem Bett geschlafen. Du warst in der Klinik, als Frauchen Baby-Herrchen bekam. Bei jedem neuen Baby schoben wir dich ein bisschen zur Seite – aber du warst nie böse, nie eifersüchtig, du bliebst immer du. Du bist der Hund unseres Lebens.

Ruby ist Waise, Ossi, Jack-Russell-Mischling.

Als ich Ruby zum ersten Mal sah, war ich beschwipst.

Sie war ein zitterndes, schwarzes Fellknäuel mit Fledermaus-Ohren und Bambi-Augen.

Grausame Hände hatten dich ausgesetzt.

Gütige Hände haben dich aufgeklaubt.
Gute Herzen schenkten dir Flügel. Du wurdest zum schönsten Klotz an unserem Bein. Du warst Baby, Clown und Freund.
Wir kennen den Tag nicht, an dem du die Welt erblicktest. Vielleicht hat es geschneit. Wir wählten den Nikolaustag als deinen Geburtstag, damit wir ihn nie vergessen.
Wenn ich in deine blinden Augen blicke, spüre ich die Majestät des Alters. Ich glaube, du bist eine Wiedergeburt: vielleicht von meinem Vater – du warst auch am Sterbebett meiner Mutter.
Hunde sind glücklicher als Menschen, weil sie kein sich selbst reflektierendes Wissen belastet. Du weißt nicht, dass du stirbst. Deshalb lebst du jeden schönen Augenblick.

Es war Rubys letzter Geburtstag – wir alle spürten das.
Auch Ruby.
Nikolaustag. Sechs Uhr. Dunkelheit, Kälte, Schnee. Vor den Kinderzimmertüren ein Gummistiefel, ein Moonboot, ein Timberland. Leer. Der Nikolaus – Frauchen – schläft noch. Aber in der Küche knarrt es. Der Hausgeist ist zum 17. Geburtstag erwacht.
Ruby steht wie ein versteinerter Schatten unterm hängenden, leuchtenden Adventskranz, der so groß wie ein Leuchter ist. Ruby guckt, aber sieht nichts. Ruby lauscht, aber hört nicht, wie ich Happy Birthday singe. Aber sie riecht die Tannenzapfen, den erloschenen Kamin, die ausgepusteten Kerzen.
Draußen ist es Winter. Drinnen knistert das Knusperhäuschen.
Als ich Ruby streichle, erschrickt sie. Sie zuckt. Als ich sie aufhebe, quiekt sie. Als ich sie in den verschneiten Garten trage, zittert sie. Als sie durch den Schnee stapft, wird sie wieder Hund – wie früher. Mit dem Handy knipse ich ein Foto: ein Schatten im dunklen Schnee.

Plötzlich leuchten die Kerzen. Die Kinder poltern. Der Nikolaus war da. Frauchen strahlt. Ich trage Ruby rein. Wir feiern, wie seit Jahren. Die Gummipfeile schwirren. Das Lagerfeuer der Krippe glüht, nur das Christkind fehlt noch.
Was schenkt man dem Hund seines Lebens?
Wir teilen uns, was wir lieben: Baumkuchen, Mini-Würstchen, Wiener und Leberwurst mit Herz-Pillen. Es gibt E-Mails, Karten und Geschenke von Ruby-Fans.
Das größte Geschenk?
Leben lassen – und weiterleben!
Es war ein Tag ohne Plan.
Ein Tag der Aufmerksamkeit. Für Hunde ist ein Tag wie ein ganzes Leben.
Wir haben nix getan – nur gewohnt, gegessen, gestreichelt, geschlafen und gelebt. Und geliebt. Und gelacht.

Macht Schnee unsere Hunde happy?

Ruby geht es golden. Die Würstlorgie zum Geburtstag hat sie gähnend überstanden. Alle Baumkuchenkrümel hat sie aufgeschleckt. Der Himmel kann warten.
Unser Haus ist im Weihnachtsrausch. Es duftet, knistert, backt, köchelt – und es riecht nach Bienenkerzen und süßem Glühwein. Die Bierzapfanlage brummt vor sich hin.
Nur noch sechs Tage bis zur Heiligen Nacht. Weihnachten wird dieses Jahr ein wenig stiller, nachdenklicher, karger, melancholischer. Ist es Rubys allerletzte Weihnacht?
Sie guckt mich mit ihren blinden Augen frech an und hat auf dem Stupsnäschen noch die Reste von Mini-Herrchens Kartoffelbrei – von Frauchen mit viel Butter gestampft.

Ich hoffe, Ruby wird noch lange leben.
Der Tod schleicht durch die Füße und durch den Bauch. Ruby humpelt ein bisschen. Sie schlittert mit ihren schwachen Pfötchen über das polierte Parkett und rodelt über die Terrassentreppe zum Schneemann in den Garten.
Aber sie frisst wie eine Sau. Sie sieht nichts, hört nichts, sagt nichts – aber wenn Frauchen ein blutiges Steak abschneidet, riecht Ruby das wie ein Bluthund. Ihre Öhrchen sind steif und selbst ihr Ringelschwänzchen wackelt wieder. Sie frisst die Leberwurst. Die Wiener Würstchen. Die restlichen Spaghetti und die Mini-Schnitzel, die unsere Kinder übrig lassen.
An Heiligabend stapfen und schlittern wir in die Kirche. Die Gans brutzelt, die Knödel dampfen – und die acht Äuglein unserer Kinder – Ruby ist unser viertes Kind – werden leuchten.

Anruf in Hollywood

Der Tod kroch durchs Telefon.
10 000 Kilometer sind kurz wie ein Herzschlag.
Ich lag im Bett des Beverly-Hills-Hotels in Los Angeles. Es war der Tag nach den Golden Globes. Die Sonne blitzte. Die Palmen raschelten im streichelnden Wind des kühlen Pazifiks.
Der Kaffee dampfte. Der Orangensaft duftete. Das Telefon schnurrte.

Es war Frauchen. Ihre Stimme zitterte: »Ich glaube, Ruby stirbt. Sie kann nicht mehr stehen. Sie kippt dauernd um. Sie heult in der Nacht. Ich glaube, sie schafft es nicht mehr, bis du nach Hause kommst. Soll ich sie einschläfern lassen?«
Wenn das Leben am sonnigsten scheint, treffen dich seine Schatten.

Kai, unser Freund und Chef, simste eine SMS: »Brich Hollywood ab. Du wirst es ewig bereuen, wenn du die letzten Tage nicht an der Seite von Ruby bist. Das ist eine Anordnung!«

Es war so weit.
Ich packte. Ich schleppte die Koffer selbst. Ich stieg in das Taxi.
Die verzaubernde Scheinwelt Hollywoods glitt an mir vorbei.
Aber ich dachte nur an den kleinen Star meines Herzens.
Ich flog zum Sterben.

Wenn ein Hund stirbt, sterben viele Herzen.
Es ist auch das Sterben eines Herrchens.
Vieles wird plötzlich unwichtig.
Wichtig wird, was du spürst, fühlst und verlierst.

Die letzten Tage

Rubys Sonne sinkt.
Jedes Wort ist eine Träne.
Es geht zu Ende.

Rubys gläserner Blick schreit:
»Lasst mich gehen. Schenkt mir Ruhe. Der Himmel wartet. Es ist die Zeit gekommen.«
Der Tod kriecht durch die Pfoten.
Ruby schafft keine Stufe mehr. Ruby kippt auf dem Rasen um wie ein gefoulter Fußballer.

Ich habe meinen Hollywood-Besuch abgebrochen, um nach Hause zu fliegen.
Wir wollen die letzten Tage und Nächte im Rudel verbringen.
Die Bilder des Glücks laufen vor meinen tränenden Augen ab.
17 Jahre Freude, Treue, Lachen, Freundschaft.

Aber Ruby ist dement und lebt in der Welt der Schatten.
Der Kreislauf des Lebens lässt uns im Alter wieder zum Kind werden.
Ruby ist ein greises Baby, das mitternachts durchs Haus tapst und torkelt – und die Wand anstarrt.
Wenn sie umfällt, kommt sie auf dem glatten Parkett nicht mehr hoch. Ihr Herz rast. Sie zittert.

Nachts weint sie heulend wie ein Wolf.
Nachts stehe ich vor unserem Haus, das traurig glüht – Kerzen flackern.
Die Tür quietscht, das Parkett knarrt, die Küche duftet meine Augen suchen den Hund meines Lebens.
Ein Schatten im Schatten bewegt sich.
Ruby sieht und hört fast nichts mehr, aber sie riecht, spürt und fühlt mich. Sie rappelt sich müde und staksig aus ihrem Körbchen und tapst rutschend über den polierten Holzboden auf mich zu.
Sie schnüffelt an meinen Fingern.
Sie erkennt mich. Aber ich erkenne sie nicht mehr.
Ruby ist ein bibberndes Skelett. Ein Schatten auf vier Pfoten. Sie will nicht mehr. Sie quält sich.
Es ist die Zeit gekommen, Ruby gehen zu lassen.

Rubys letzte Nacht

Vollmond. Der Kamin lodert. Wir haben uns eine Bettenburg im Wohnzimmer gebaut. Wir, drei Kids, zwei Eltern, wollen unsere letzte Nacht mit Ruby zusammen verbringen.
Unser Kuschelhaus wird zum Hospiz.
Ein gemütlicher Todestrakt?
Morden wir – oder erlösen wir?

Die Nacht wird zur Harmonie.
Ich war noch nie so pausenlos und intensiv mit Ruby zusammen.
Ich liebe sie, ich streichle sie, ich spüre sie und fühle, wie sie leidet.

Ich decke sie zu und die Decke hebt und senkt sich.
Wenn sie liegt, ist alles geborgen und friedlich.
Ihre langen, eleganten Beine streckt sie zärtlich verflochten von sich wie eine erschöpfte Ballerina, die ahnt, dass die Zeit des Tanzens zu Ende geht.
Der Vorhang soll sich endlich senken.
Wenn Ruby schläft oder mit offenen Augen döst oder träumt, ist alles gut.
Vielleicht könnte sie noch vier Wochen durchhalten – aber in Würde oder als sieches Wrack?
Sie ist autistisch statt authentisch.
Sie wankt wie ein angeschossener Star-Wars-Panzer.
Sie vegetiert.
»Lass Mäusi gehen«, fleht Frauchen.

Wenn sie liegt, wirkt sie glücklich.
Wenn sie geht, ist sie unglücklich
Wir genießen die letzten Momente zusammen.
Wir wissen, dass wir nichts wissen.
Der Tod ist sicher, das Danach ist dunkel oder hell.
Ein Teil von mir wird mit Ruby sterben – und im Mondlicht in den Himmel schweben.
Henkersmahlzeit?
Seezungen-Reste, Rinderhack, gezuckerte Hefebällchen.
Ruby und ich wachen drei Mal auf.
Sie geistert. Sie rutscht aus, knickt ein, grätscht wie ein Frosch.
Überall lehnt sie sich an. Sie starrt ins Nichts.

Die Entscheidung fällt um sechs Uhr früh.
Der Morgen dämmert.
Grau, diesig, zitternd.
Draußen ist der Januar, drinnen riecht es nach der warmen Asche des erloschenen Kamins.
Es war eine Nacht des Nachdenkens.
Es war eine Nacht des Nichtwollens.
Eine Nacht des Nein, Nein, Nein – das darf nicht sein. Ruby darf nicht sterben!
Es war eine verzweifelte Nacht.

Ruby ist am Leben, aber sie vegetiert dahin.
Ich streichle sie von oben.
Sie guckt mir in die Augen von unten.
Bittet sie?
Bettelt sie?
Leidet sie?

Ruby und ich haben nebeneinander geschlafen – Arm in Pfote.
Wir haben im Wohnzimmer vor dem Kamin ein kuschliges Lager aufgebaut.
Das ganze Rudel lag neben Ruby.
Ruby liegt immer noch erschöpft auf ihrem weißen Schaffell.
Sie knickt immer wieder in den Hinterpfoten ein.
Sie setzt sich auf den Po.
Sie schlabbert und trinkt und säuft.

Die tapsenden Krallen ihrer Pfoten hallen durchs Haus.
Ein Echo der Verlorenheit.

Abschied

Adieu, meine geliebte Ruby.
Kerzen. Dämmerung. Der Kamin knistert.
Ruby hat noch eine Stunde zu leben.
Ahnt sie es?
Ich streichle sie in der Küche unseres Hauses in Hamburg. Aber man kann Glück nicht festhalten.
Ruby ist müde vom Leben. Es war ein gutes Leben.
Ruby liegt auf ihrem weißen Lammfell vor ihrem Körbchen wie aufgebahrt.
Auch dem Ende liegt ein Zauber inne.
Wir waren noch mal auf ihrer alten Wiese, aber Ruby wollte wieder heim.
Es ist Zeit loszulassen.
Die Kinder schnäuzen sich. Nur die Spülmaschine ist zu hören.
Ein Hund, der 17 wird ohne Schmerzen, war ein glücklicher Hund.
Es ist zum Heulen.
Wie viel Freude hat Ruby uns geschenkt!
Ruby war lustig wie Otto, klug wie Einstein und frei wie Obama.
Ruby war unser Schutzengel.
Es ist eine Kunst, lächelnd zu sterben – wie der Philosoph Sokrates, der seinen Schierlingsbecher freudig trank. Ruby kann nicht mehr bellen.
Der Arzt, den Ruby liebt, ruft an, er kommt 20 Minuten später.

Ruby hat ein paar Minuten länger zu leben. Was machen wir? Sie darf alles, was sie nie durfte. Teller auslecken, fette Leberwurstknödel fressen, Zuckerbomben verschlingen.
Plätzchen knabbern bis zum Platzen: Zehn Stück zerkleinern wir in 30 Stück.
Ruby spielt Pfotenfußball mit den Keksbrocken.
Aber ihre Pfoten knicken ein. Sie wankt.
Ich nehme sie in den Arm. Meine Hand hält ihr pochendes, altes, müdes Herz. Ich streichle sie, wie ich sie noch nie gestreichelt habe. Sie blickt mich an mit gläsernen Augen. Eine meiner Tränen tropft in ihr Auge.
Zwei Gefühle verschmelzen.

Das Ende

18 Uhr. Es klingelt.
Ich rufe die Kinder.
Ruby trottet wie ein rostiges Zirkuspferd um den Sandsteinblock der Küche. Immer wieder lehnt sie ihr Köpfchen an, um nicht umzufallen.
Ich gehe zur Tür. Unser Freund Dr. Fabian von Manteuffel steht mit einem silbern glänzenden Medikamentenkoffer vor der Tür.
Ich: »Du hättest auch später kommen können.«
Er: »Irgendwann muss ich kommen. Wir entscheiden nicht über Leben und Tod – sondern nur über welchen Tod, sanft oder schmerzlich.«
Ein paar Minuten der Ratlosigkeit. Wollen wir noch was trinken? Soll der Himmel noch warten?

Nein, es ist Zeit.
Wir setzen Ruby auf das große Schaffell vor ihrem Körbchen. Unsere drei Kinder knien sich nieder und streicheln sie. Frauchen hält sie fest. Ich hole eine große Kugel Tatar aus dem Eisschrank. Der Arzt klappt den Koffer auf und zieht eine Spritze auf: »Sie wird nichts spüren.«
Frauchen und ich füttern Ruby mit klein geformten Knödelchen des zarten, leichten Fleisches. Ruby hat Hunger. Ihre kaputten Zähne und ihre schnelle Zunge schlabbern das rohe Hack.
Ruby merkt nicht, wie ein grünes Band um ihre linke Vorderpfote gezurrt wird.
Die Finger des Arztes suchen zärtlich ihre Vene.
Ich packe einen großen Batzen des Tatars in meine Handmulde und Ruby schlabbert freudig wie ein junges Fohlen.

Die Nadel sticht.
Der Arztdaumen drückt.
Rubys Zunge hört auf zu schlecken. Ihr Köpfchen kippt. Ihre Augen blicken ins Leere.
Das Leben entweicht aus ihrem erschöpften Körper.

Frauchen öffnet ein Fenster, um Rubys Seele wegfliegen zu lassen.
Draußen geht groß und mystisch der Vollmond auf.
Unsere Kinder streicheln Ruby.
Ihr Fell ist warm, dick und flauschig.

Der Arzt steht auf und sagt: »Sie hat nichts gespürt. Ihr Körper war schon so ausgezehrt. Die überdosierte Narkose hat sehr schnell gewirkt – wie ein Blitz.«

Als Ruby und ich alleine sind, versenke ich meine nassen Augen in ihrem Fell – und ihre Haare trocknen meine Tränen.

Frauchen und ich legen Ruby auf dem Lammfell in ihr Körbchen und tragen sie auf die Terrasse in die Kälte. Wir decken sie zu und sie liegt wie der Hund eines Pharao unterm Vollmond. Wilde Wolken ziehen vorbei.

Was bleibt, wenn dein Hund stirbt?

Die große Leere nach Rubys Tod.
Es ist ein Phantomschmerz.
Es ist nicht da, aber es tut weh.
Es ist die Leere danach. Und die Stille. Das Haus verstummt.
Ruby schläft jetzt – 80 Zentimeter tief in einem Rondell aus jungen Weiden.
Wenn Blätter wachsen, wird es eine grüne Grotte, durch die der salzige Wind der Ostsee streicht.
Ruby ist woanders.
Wir bleiben zurück.
Unser Rudel ist verwitwet.
Ein Teil von uns ist für immer gegangen.

Wir gucken immer wieder das Abschiedsvideo.
Unser ältester Sohn David zauberte ein unsterbliches Ruby-Requiem.

Es ist wie ein Rückspiegel ins Glück.
Ein Hund im Haus ist Leben.
Kein Hund im Haus ist tierische Einsamkeit.
Ein Hund ist gefühlte Bio-Wärme, Geborgenheit, Natur. Ein Freund für die Ewigkeit.
Nach 17 Jahren haben wir Rubys Licht ausgeknipst – und stehen emotional im Dunkeln. Da, wo Rubys Doppelnäpfchen war, ist jetzt leeres Parkett. Da, wo Rubys Körbchen war, ist ein klaffendes Loch aus Nichts.
Wenn ich in ein Würstchen beiße, formuliert mein Mund reflexartig: »Ruby?« Der Gedanke bleibt im Hals stecken.
Es gibt ein Leben vor Ruby, mit Ruby und nach Ruby.

In die Melancholie drängt sich ein Gefühl der Erlösung und der Erleichterung.
Ruby leidet nicht mehr.
Wir leiden. Aber aus der Wunde wird Würdigung werden – Stolz, Anekdoten, Zurücklächeln.
Ruby wird ewig in unseren Herzen kuscheln – und jeder Gedanke an den Hund unseres Lebens wird unser Herz wärmen.
Wenn ich an Ruby denke, lebt sie.

Ruby schwimmt auf einem Tsunami der Tränen in den Hundehimmel.
E-Mails, Briefe, Facebook, Telefonate, Zunicken, Grablichter, Augenblicke, ein Grabstein. 1001 Dank für Empathie und Mitgefühl.
Ruby sind durch die Liebe von Tausenden ewige Flügel gewachsen.

Unser Haus hat ein Leck – ein Loch der Liebe.
Die Schwingungen von Ruby fehlen – kein Tapsen, kein Schatten, kein Dasein. Ein kalter Wind weht durch uns. Es fehlt die Wärme eines liebenden Tieres.
Wenn ich die Haustür öffne, beginnt die tierische Leere.
Mir fehlt der abendliche Schrei von Frauchen: »Wer geht noch mit Ruby raus?«
Ich geh nicht mehr raus.
Ich sitze am Kamin.
Feuer statt Gassi. Ich bin ein Mann mit Leine ohne Hund.
Freunde sagen: »Ein neuer Hund muss her.«
Professor Hellmuth Karasek tröstet scherzend: »Körzi, ich werde sofort Ihr neuer Hund – wenn ich auch so einen schönen Nachruf kriege – auf Seite 1 der *Bild*!«

Kann und darf es eine neue Ruby geben?
Liebe Menschen wollen uns Welpen schenken – vom Jack Russell bis zum Labradoodle. Wieder Streicheln. Wieder Lachen.
Aber die Lücke ist tief wie eine Schlucht.
Mein Hundeherz ist Witwer. Es kann nur eine Ruby geben!
17 Jahr', schwarzes Haar.
34 Kindergeburtstage.
6000 Tage und Nächte Liebe.
Danke, Ruby, danke!
Irgendwann, wenn der Phantomschmerz schwindet, wird der Tag des Lichts kommen.
Irgendwann werde ich in die Augen eines Welpen blicken – und Rubys Geist wird bellen: »Tue es! Lass mich endlich los. Beginne ein neues Leben – ohne mich.«
Du sollst nicht leben ohne Hund.

17 Jahr', schwarzes Haar

Das erste Jahr ist das schönste.
Dein Hund ist dein Baby.
Ein Welpe raubt dir dein Herz.

Das zweite Jahr ist das ängstlichste.
Leben mit Leine oder ohne – natürlich leinenlos.
Die schwierigste Entscheidung: Kastrieren oder Gebärmutter raus?
Ja, ja – leider.

Das dritte Jahr ist das neugierigste.
Ihr entdeckt die Natur.

Das vierte Jahr war bei uns das gefährlichste – wir bekamen unser erstes Menschenbaby.
Geht Hund und Baby? Geht genial!
Aber: Dein Hund wird zweitrangiger. Dein Hund ist kein Kind. Dein Hund wird wieder zum Tier.

Das fünfte Jahr ist das sorgloseste.
Dein Hund ist Hund.
Er gehorcht – ungefähr 100 Worte, Gesten und Befehle kann ein Hund speichern – muss er aber nicht.
Ihr seid eine Hunde-Familie – nie wieder: Kein Leben ohne Hund.

Das sechste Jahr ist das normalste.
Keine Krankheit?
Alles wunderbar.
Noch ein Baby? Okay.

Das siebte Jahr ist der Anfang vom Alter.
Ein Lebensabschnitt endet – der Spätsommer des Hundes beginnt.
Alles wird etwas langsamer, besinnlicher, gemütlicher.

Das achte Jahr ist das ergrauende.
Erste graue Haare sprenkeln deinen Hund – na und?

Das neunte Jahr ist ein Countdown.
Schaffen wir zusammen das zehnte Jahr?

Das zehnte Jahr ist ein Fest.
Geschafft. Dein Hund ist Opa oder Omi. Behandle ihn genauso zärtlich, nachgiebig und liebevoll.
Du bist alles, was er hat.

Das elfte Jahr ist der Anfang des Herbstes deines Hundes.
Der lange Abschied beginnt.
Die Liebe wird immer sehnsüchtiger und festhaltender.

Das zwölfte Jahr ist das der Wehwehchen.
Dein Hundearzt wird dein neuer Freund.
Grauer Star? Hört dich dein Hund noch? Ist die Hüfte okay? Ist doch nicht Krebs – oder?

Das 13. Jahr ist das Glücksjahr.
Dein Hund lebt – und das ist das Wichtigste.
Welch weiten schönen Weg seid Ihr zusammen Gassi gegangen.
Blickt zurück – und blinzelt nach vorn.

Das 14. Jahr ist die Zeit der Dankbarkeit.
Danke, dass es dich gibt. Danke für deine unendliche Treue und Liebe und Geduld mit mir. Wir werden zusammen langsam alt – ohne Hetze. Wir ernten unsere Gefühle, die unsere Liebe gesät hat.

Das 15. Jahr ist ein Geschenk und der Winter.
Ein Hund mit 15 ist ein Methusalem – ein urururaltes Wesen. Jeder Tag wird zum Geschenk. Wir blicken nicht zurück und nicht nach vorne – wir pflücken das Glück des Augenblicks. Der Hund ist die gelebte Form des Carpe diem (Genieße den Tag, Horaz).

Das 16. Jahr ist das Gnadenbrot.
Dein Hund sieht schlecht, hört kaum noch, aber riecht alles. Er schafft die Treppen nicht mehr. Das Körbchen in der Küche wird zum Zentrum des Universums. Das Essen wird zum Lebensinhalt. Aber bitte nicht zu fett, nicht zu süß, nicht zu viel. Das Nein wird wichtiger als das Ja. Wer seinen Hund liebt, lässt ihn hungern. Weniger ist mehr. Weniger Essen verlängert im Alter das Leben – wie beim Menschen.

Das 17. Jahr ist die Zeit des Abschieds und der Inkontinenz.
Der Hund wird wieder zum Welpen.
Der Kreis des Lebens schließt sich mit Windeln, Vergessen und Vergeben.
Es ist die Zeit des Loslassens und der Tränen.
Der Tod kriecht durch die Pfoten.
Dein Hund wackelt. Er bleibt oft stehen.
Sein kleines Hirn dämmert ins Vergessen.
Dein Hund betritt zögerlich das Reich der Schatten.

Jetzt braucht er deine Liebe – die Liebe des Tuns statt des Lassens.
Wenn dein Hund still und stumm leidet, musst du ihn erlösen.
Mut, du!
Auch dem Ende liegt ein Zauber inne.
Der letzte Tag wird der traurigste Tag eures gemeinsamen Lebens werden.
Aber er wird auch etwas Erlösendes und Erleichterndes haben.
Die Leichtigkeit des Übergangs in eine andere Welt.
Was wissen wir schon?
Wir wissen, dass wir nichts wissen.

Das 18. Jahr: Halleluja.
Das 19. Jahr: Sei der Rollator deines Hundes.
Das 20. Jahr: Ein Wunder.
Das 21. Jahr: Weltrekord!

Ist das Ende ein neuer Anfang?

Jeder Tag ist ein Tag ohne Ruby.
Etwas fehlt.
Ein Gefühl, das 17 Jahre mein Herz streichelte.

Ich erwache und alles ist gut – aber war es früher nicht besser? Unser unmenschlicher Hund war eine eigene Lebensenergie in unserem Haus. Unser Hund war ein vibrierendes Ausrufezeichen: Lebe jetzt – sorge dich nicht! Ein Hund ist ein Lebenselixier. Vielleicht wissen Tiere instinktiver, dass das Ziel des Lebens das Leben selbst ist.
Wir Menschen vergessen das vor lauter anderen, fernen und falschen Zielen. Der Sinn jedes Buches ist es, es klüger zuzuschlagen – und anzufangen, besser und weiser und mutiger zu leben. Während ich diese Sätze schreibe, bellt es vor unserem Haus. Ein helles, junges, lebenslustiges Bellen – es klingt wie eine kleine Glocke aus einer besseren Welt.

Ruby war mir dankbar, dass sie sterben durfte – das glaube ich fest. Daran halte ich mich fest. Sie hatte ein wunderschönes Leben. Und alles hat ein Ende. Das letzte Jahr mit unserem Hund war ein wunderschönes Jahr, weil wir wussten, dass es das letzte mit ihm sein würde.
Dieses Bewusstsein machte es so einzigartig und unwiederbringlich.
Jeder Tag wurde zum letzten Tag seiner Art.

Jeder Tag war ein kleiner Abschied – der Versuch, etwas festzuhalten, das dir entglitt.

Ruby war fast blind, fast taub und fast rollatorreif. Aber sie war immer noch ein stolzer Hund, der jedem Tag mutig begegnete, auch wenn ihre Pfoten müde wurden. Sie war wie ein alter Indianer, der spürte, dass sich der Kreis des Lebens schloss.
Ruby lebte das letzte Jahr in der Küche – das Zentrum unseres Hauses. Ihr Körbchen mit dem weichen Lammfell lag unter Frauchens Mini-Büroschrank. Hier war alles: Düfte, Essen, Familie, Leben und die weiße Holztreppe zum Garten. Diese Treppe war ein Gleichnis. Wenn Ruby diese Treppe nicht mehr schaffte, war es Zeit für die Regenbogenbrücke in den Himmel.
Wir gingen oft raus, aber Ruby wollte immer gleich wieder heim. Frauchen flehte: »Ihr müsst laufen. Wenn Ruby sich nicht mehr bewegt, stirbt sie schneller.« Jeder Schritt war ein Stück Leben. Wenn wir zusammen zur Hundewiese vor unserm Haus pilgerten, musste ich Ruby ziehen. Ohne Leine war sie auf der kleinen Straße verloren. Ich war jetzt ihr Blindenhund.
Ich versuchte, sie zurück ins Leben zu ziehen. Aber sie wurde schwächer und schwächer.

Ich blickte meinem Hund oft in seine braun-blauen Augen – grauer Star färbte ihre Augen metallisch. Es waren wehmütig-melancholische Blicke.
Wir halten durch – bis du nicht mehr kannst und magst, ja?
Wenn ich an diese Augenblicke denke, glitzern meine Augen.

Ruby fehlt uns.

Es fehlt das Wesen, das uns durchwirbelt und aufweckt und aus dem Haus zieht und Quatsch macht.
Ein Hund würfelt die Familie durcheinander.
Ein Hund ist eine gesunde, natürliche Unruhe, die der träge, passive, konsumierende, faule, fernsehsüchtige und computervernarrte Mensch braucht.
Ein Hund ist ein Grund, intensiver zu leben – grüner, gesunder, ganzheitlicher.

Es gibt die romantische Legende der »Regenbogenbrücke«.
Jeder Hund, der stirbt, läuft im Himmel über die Regenbogenbrücke. Aus dem alten Hund wird wieder der lebendige Hund, wie er in unserem Herzen wohnt – das Ideal.
Auf der großen bunten Himmelswiese warten viele Hunde auf ihre Menschen. Sie spielen und laufen und sind glücklich. Und eines Tages werde ich über diese Brücke gehen – und Ruby wird mir entgegenhecheln und springen und bellen – und wir werden Pfote in Pfote zusammenleben – ewig.
Dein Hund stirbt nicht wirklich – er geht dir nur voraus.

Ein Gedanke zum Umarmen.

Die Freiheit, ohne Hund zu leben

Du erwachst – und du musst nichts müssen.
Ein Leben wieder ohne Hund ist eine neue Freiheit. Man empfindet plötzlich eine Lastlosigkeit.
Das ist ein Geschenk.
Deine Seele scheint zu fliegen.
Ein Mensch ohne Hund ist ein Single der Sorglosigkeit.
Die Pflicht zur Liebe und Fürsorge rutscht von deinen Schultern.
Du musst nicht um sechs Uhr aufstehen.
Du musst nicht mehr Gassi gehen.
Du musst nie mehr die Popowürstchen mit dem knisternden Plastikbeutel aufklauben.
Du musst nicht mehr mit fremden Hundemenschen sprechen.
Du musst nie mehr Angst um deinen Freund haben, wenn ein Auto beim Straßenüberqueren auf dich zurast.
Du wirst nie wieder unterm Tisch von nervenden Krallen gekratzt.
Du musst nie wieder ein Würstchen teilen.
Ein Leben ohne Hund macht und lässt dich frei wie ein Vogel.
Du kannst wieder tun, was du willst – ohne Leine.
Du kannst wieder die Nacht durchfeiern – ohne Sperrstunde durch deinen Hund.
Du hast keine Angst mehr vor Silvester – die schlimmste Nacht des Jahres für Hunde.
Du kannst endlich wieder verreisen – ohne schlechtes Gewissen.
Du bist leinenunabhängig – nichts hängt mehr an dir.

Du hast wieder ein Rendezvous mit dir selbst – nicht mit einem Vierbeiner.
Freiheit ist Ja sagen zu dir selbst – und Nein sagen zu anderen, zu Fremden, zu Unwichtigem, zum falschen Leben, zum fremdbestimmten Leben.
Freiheit ist entscheiden, was gut für dich ist.
Aber Freiheit kann auch die Wahl und das Ja zur Zweisamkeit im Leben sein – und ein Nein zur Einsamkeit.
Frei sein ist aber auch allein sein.
Wenn man 17 Jahre mit einem Hund lebte, liebte und lachte, dann ist die plötzliche Abwesenheit wie ein frischer Wind, der dir belebenden Sauerstoff ins Gesicht pustet. Es öffnet sich eine neue Tür zu einem neuen Leben.
Die Botschaft: Hey! Es gibt noch ein anderes Leben – ohne Hund. Ein Hund macht dich zum Sklaven. Ein Hund ist sein Leben lang ein Klotz an deinem Bein. Mit einem Hund bist du nie mehr frei, so zu leben, wie du wirklich willst.
Ein Hund ist eine Kette.
Ein Hund ist ein Kind.
Ein Hund ist eine Ehe.
Ein Hund raubt dir einen Teil deines Lebens.
Ein Leben ohne Hund ist besser als ein Leben mit Hund.
Vielleicht.
Vielleicht.
Vielleicht lebt man als Single glücklicher – als Einzelner, als Unabhängiger, als Einzelgänger, als Selbstverwirklicher, als Egoist – ohne Last, ohne Gepäck, ohne Verantwortung.
Mein Freund Udo Lindenberg lebt im Hotel mit zwei schmalen Schränken – und einem Musik-Computer. »Ich bin zu frei für einen Hund. Ich bin Astronaut.«

Hunde würden Udolius lieben, aber er würde sie jede Nacht verlassen.
Ein Udo L. schwebt.
Ein Hund ist ein Anker.
Jeder Mensch hat die Wahl und Qual, wie er leben will.
Das Nein zu einem Hund macht frei.
Das Ja zu einem Hund macht glücklich.
Es gibt eine Zeit, frei zu sein.
Es gibt eine Zeit, suchend zu sein.

Und es gibt die Zeit, sich in die Pfoten zu nehmen.
Das Ja zu einem Hund ist ein Ja zum Ankern, ein Ja zum Wurzeln, ein Ja zur Zweisamkeit oder Dreisamkeit, ein Ja zum Ankommen.
Wer einen Hund hat, hat eine Heimat.
Wer einen Hund hat, teilt sein Leben – und Glück ist die einzige Währung, die sich verdoppelt, wenn man sie teilt.
Ich will kein Würstchen alleine essen.
Ein geteiltes Würstchen schmeckt doppelt so lecker – und macht nur halb so dick.
Ein einsames Leben ist frei. Ein zweisames Leben ist Glück.
Ein Leben, das du teilst, verdoppelt dein Glück.
Ein Hund legt sich wie ein Siegel auf dein Herz.
Ein Hund schenkt dir etwas Unbezahlbares und Unkaufbares – Zeit mit dir selbst.
Seit unser Hund unser Haus verlassen hat, schmecken mir die Würstchen nicht mehr so wie früher. Wir wachen fauler und müder auf.
Es ist still geworden unter unserem Esstisch.
Wenn ich gehe, blickt mir keiner nach.
Wenn ich heimkomme, bellt keiner mehr.

Wenn ich durch das Herbstlaub schlendere, raschelt es trauriger.
Es gibt zu viele Wenns, die wie trockene Tränen sind.
»Das Geheimnis des Glücks ist die Freiheit. Und das Geheimnis der Freiheit ist der Mut!« Perikles' Mut zum Hund?
Muße zum Hund!
Muße ist zweckfrei – es ist die Zeit, wir selbst zu sein.
Muße war für Aristoteles der Sinn des Lebens – nicht die Arbeit.
Im Griechischen und Lateinischen ist Arbeit die Nicht-Muße.
Wer Mut zum Hund hat, wird Muße ernten.
Ein Geheimnis des Glücks ist das Zulassen des Glücks – dann setzt es sich vielleicht wie ein Schmetterling auf deine Pfote.
Ein idealer Hund lebt, isst, ist und liebt zweckfrei.
Man muss einen Hund in sein Leben lassen wie Sonnenstrahlen.
Keiner muss müssen.
Jeder kann können.
Jeder ist frei.

Warum uns Hunde mehr lieben als sich selbst

Ruby hat mich geliebt, als ich sie töten ließ.
Es war nur ein Tropfen Gift. Ein winziger Piks einer Nadel in die linke Vorderpfote.
Ein Stich, und sie war in ihrem Himmel.

Ein kleiner Schmerz für sie – ein großer für uns.
Sie blickte mich an, als ihre alten braun-blauen Augen brachen.
Sie blieben offen wie ihr Herz.
Ich schloss sie mit Tränen der Nächstenliebe.

Ich habe dich getötet, weil ich dich liebte – wie du mich liebtest.

Wenn man einen Hund streichelt, ist man glücklich.
Es ist nur ein Sekunde, aber diese Berührung erzeugt wie ein Blitz plötzlich Harmonie, Zufriedenheit, Zärtlichkeit, Ausgeglichenheit – die Zeit steht still und sie lächelt.

Warum?
Weil unserer Streicheln ein Kontakt zur menschlichen Evolutionsgeschichte ist.
Wer streichelt, wird zum Wir.
Mensch und Hund sind die älteste Lovestory der Menschheit – seit Adam und Eva.
Wie begann diese unsere Liebe? Wann?

Der Hund fing an zu flirten – es war ein Wolf.
Vor 26 000 Jahren?
Zwei Fußspuren im Lehm – versteinert in den südfranzösischen Chauvet-Grotten sind das älteste Zeugnis und der historischste Beweis der Liebe zwischen Mensch und Hund: Der Fußabdruck eines circa achtjährigen Kindes und der Pfotenabdruck eines Hundes oder gezähmten Wolfs.
Ein Mensch und sein ältester Freund.
Ein Grabfund in Israel enthüllte die Liebe im Tod – vor 12 000 Jahren.
Das Skelett einer Frau umarmt das Skelett eines Hundes – Liebe bis in die Ewigkeit.
Hundeforscher führen einen bellenden Krieg über den Ursprung der Schicksalsgemeinschaft Mensch und Hund.

Die Jäger-Theorie: Urmenschen raubten oder fanden Wolfswelpen und richteten sie ab zu Jagdgefährten. Aber Wölfe sind fast unzähmbar und gehorchen keinen menschlichen Befehlen.

Die Hunger-Theorie: Ausgehungerte Wölfe näherten sich den Menschen, um von deren Abfällen zu leben. Sie suchten Wärme (Höhlen, Feuer), Schutz und Futter. Die Wölfe wurden immer zutraulicher, kreuzten sich untereinander und zähmten sich selbst. Sie wurden zu Wachhunden und Jagdhunden der Urmenschen.

Die Soft-Mutanten-Theorie: Ein genetisches Bingo erzeugte – aus Zufall – einen zahmeren, fügsamen, nachgiebigen Wolfstyp, der besser überleben konnte als das menschenhassende Rudelmonster in den Wäldern. Diese darwinistischen Soft-Wölfe suchten sich den Menschen als Überlebenspartner – sie wählten uns. Der

Mensch als Futterlieferant, Beschützer und Freund und Rudelchef.

Der Hund ist das einzige Tier, das ungezähmt die Nähe des Menschen sucht – das tut kein Fuchs, keine Hyäne, keine Wildkatze.

Konrad Lorenz, der Nobelpreisträger und Verhaltensforscher, erzählt in *So kam der Mensch auf den Hund* einen Steinzeitthriller. So könnte es gewesen sein:
Durch das hohe Steppengras ziehen gejagte Jäger mit Speeren aus Knochenspitzen. Die Horde Urmenschen hat Angst vor Säbelzahntigern – und leidet unter Schlafmangel. Sie hören den Schrei eines Schakals. Der hochstirnige Hordenchef schmeißt ein Stück Wildschwein in die Dunkelheit. Und noch eins. Als sie am Lagerfeuer sitzen, hören sie das Heulen der Schakale – die Aasfresser werden zu ihren Wächtern in der Nacht vor gefährlichen Raubtieren. Die Menschen legen Knochen um ihr Lager, um die Schakale als Wachhunde anzulocken. Sie können zum ersten Mal beschützt schlafen – von Tieren bewacht.

Ein historischer Augenblick?
Vielleicht – die erste Fütterung eines nützlichen Tieres durch den Menschen.

Der Anfang des Hundes?
Der Hund wurde zum Hund – weil er den Menschen lieben lernte, um zu überleben und um gefüttert und gestreichelt zu werden. Der Mensch wählte auch den Hund – als Beschützer, Wächter, Waffe, Wärmflasche, Notfutter, Kleidungsfell und stummen Gefährten.

Vor vielleicht 100 000 Jahren wurde aus dem wilden Wolf ein menschlicherer Hund – Wolf und Hund können sich heute noch kreuzen.
Vor vielleicht 15 000 Jahren wurde der Hund zum Haustier – zum Streichelwolf.
Heute gibt es eine Milliarde Hunde. Es sind Freunde. Wau.

Der Hund ist der älteste Freund des Menschen, er ist treu bis in den Tod – ein Mensch, ein Leben, eine ewige Liebe. Du bist für deinen Hund der liebe Gott. Ein Hund ist ein Rudeltier. Der Chef ist Gott. Der Mensch ist Rudelboss. Der Mensch lebt, der Hund liebt. Der Mensch befiehlt, der Hund gehorcht – fast bis zur Selbstaufgabe. Was du tust, tut auch er.

Eines der schönsten Gefühle der Welt ist es, nach Hause zu kommen.
Draußen ist die Kälte, das Fremde, das Feindliche und der Hunger. Drinnen ist die Wärme, das Vertraute, die Geborgenheit, das Abendessen und dein Hund.
Draußen ist Leben, drinnen ist Liebe.
Hunde winseln Liebe, tanzen sie und bellen Liebe.
Wenn ich mit unserm alten, schwarzen Mercedes in unsere Straße bog, fing unser Hund an, unruhig zu werden.
Hunde wittern Herrchen und Frauchen kilometerweit.
Wenn ich bremste, bellte das Haus.
Wenn ich den Schlüssel ins Schloss stocherte, kratzten die Pfoten an der Tür.
Wenn ich öffnete, sprang mich das Fellherz an.
Ruby schleckte, hüpfte, jaulte, bellte.

Ruby war ein schwarzes, seidiges Herz auf vier Pfoten – mit einem rotierenden Ringelschwänzchen wie ein Helikopter.
Mein Hund war ein ausgeflippter Liebesfreak.
Wenn ich die Tür schloss, nahm ich ihr warmes, duftendes Schnäuzchen in meine kalten Hände und küsste sie auf die feuchte Stupsnase.
Sie schleckte mich schlabbernd ab – und begann zu tanzen wie Winnetou und Kati Witt.
Sie drehte sich im Kreis wie ein lebender und liebender Quirl.

Der Liebestanz deines Hundes ist eine Umarmung fürs Leben.

Das Geheimnis der Hundeliebe ist die Sprachlosigkeit dieser Liebe.
Sie braucht keine Worte.
Sie kennt keine Missverständnisse.
Ein Hund hat keinen anderen Menschen neben sich.
Ein Hundeherz heiratet nur einmal im Leben.
Ein Hund ist eine Summe aus Treue und Liebe.
Ein Hund liebt mit den Augen – und dem Schwänzchen und den Pfoten und der Schlabberzunge – und mit seiner Körpersprache.
Wenn sich dein Hund stumm neben dich setzt, ist das wie ein Kuss. Ein Akt der Treue.
Dein Platz ist mein Platz.
Wo du bist, will auch ich sein – bis dass der Eisschrank uns scheidet.

»*Ein Leben ohne Möpse ist möglich – aber sinnlos.*« (Loriot)

Die geheime Körpersprache eines Hundes

Wie man die Signale eines Hundes entschlüsselt.
Ein Hund spricht nicht.
Das ist gut, aber schade.
Er scheint stumm, aber er bellt oder winselt oder kläfft – und knurrt.
Keine Angst vorm eigenen Hund – aber Vorsicht vor Fremden.
Unser Hund ist unser Freund. Wenn er Laut gibt, will er uns etwas sagen. Aber was?
Lauschen wir ihm intuitiv – mit neugierigem Gefühl.

Kleine Knurrologie

Lautes Knurren mit verdeckten Zähnen:
»Ich fürchte mich. Aber ich greife nicht an. Ich fühle mich nicht wohl.«

Schmatzendes Seufzen mit halb geschlossenen Augen:
»Ich bin zufrieden.«

Leises Winseln:
»Ich habe Angst.«

Lauter, langer Winsellaut:
»Bitte hilf mir.«

Keuchendes Schnaufen:
»Los – gehen wir.«

Es gibt auch geheime Laute – aber die sind nur »unter sechs Pfoten«. Die Wahrheit ist: Ein Hund spricht mit seinem Körper, nicht mit Worten.
Hunde sind Körpersprache. Hunde sprechen mit ihren Pfoten, mit Gestik – und mit ihrem Schwänzchen.

Jeder Hund hat seine eigene Schwanzologie.

Das abc des Schwänzchens

Leichtes Wedeln:
»Ich mag dich – magst du mich auch?«

Breites Wedeln:
»Das gefällt mir.«

Langsames Wedeln auf Halbmast:
»Ich möchte wissen, was du meinst!«

Aufgerichteter Schwanz:
»Ich bin der Größte.«

Schwanz horizontal:
»Ich bin entspannt. Du auch?«

Schwanz fast horizontal, leicht baumelnd:
»Vielleicht passiert jetzt was Interessantes?«

Schwanz ganz unten:
»Ich fühle mich nicht wohl.«

Eingeklemmter Schwanz:
»Ich habe Angst.«

Hunde bleiben trotzdem Geheimnisse.
Hunde sind Rätsel.
Wenn wir sie fragen, schmunzeln sie wie die Sphinx.
Versuchen wir ein paar Fragen zu klären:

Warum bellen Hunde?

Es ist ein Alarmsignal. Der Urhund bellte, wenn etwas Fremdes sich nähert. Wenn etwas plötzlich anders ist. Wenn das Rudel gewarnt werden muss. Bellen bedeutet »Achtung«, »Rudel, aufpassen!«, »Aufwachen« oder »Boss, du musst ran!«.
Ein Hund bellt, wie eine Glocke in der Kirche läutet: kommet alle.

Warum wedelt der Schwanz mit dem Hund – oder umgekehrt?

Es signalisiert einen emotionalen Konflikt. Hund weiß nicht, was Hund tun soll. Was ihn erwartet. Er sucht Orientierung. Soll er fliehen? Oder bleiben? Oder spielen?

Welpen beginnen mit 30 Tagen zu wedeln – mit 50 Tagen können sie es.

1. Schwanzwedeln ist eine Kontaktaufnahme zwischen Mensch und Tier und Tier und Tier.
2. Es ist Unruhe, wenn eine neue Situation eintritt.
3. Es ist Duftquirl der eigenen Duftmarke, ein Parfum der Persönlichkeit. So rieche ich – kannst du mich auch gut riechen? Durch das Wedeln werden die Drüsen in der Pogegend aktiviert. Je höher das Schwänzchen, desto stärker das Signal.
4. Es ist ein Angstzeichen. Auch Angst vor seinem Menschen: Was willst du Riese von mir kleinem Hund? Orientierung und klare Ansage.
5. Der Schwanz ist auch die bettelnde Hand des Hundes: Er hat Hunger. Er möchte noch einen Keks. Er will spielen. Er will raus. Er will Aktivität – nicht Passivität. Mein Mensch, handle!

Warum scharrt der Hund nach dem großen Gassi mit den Pfoten?

Vielleicht stammt der Reflex aus der Steinzeit: Ich begrabe meine Popowürstchen selbst. Vielleicht ist es ein Signal: Hier war ich. Seht ihr meine Spuren? Vielleicht setzt er Duftmarken durch die Mini-Schweißdrüsen in den Füßen. Es ist ein Signal aus dem Gestern.

Warum fressen Hunde so gern Gras?

Gras ist Medizin. Das Aspirin der Hunde. Wenn es im Magen grummelt, kauen Hunde wie Kühe Gras, denn im grünen Saft steckt Folsäure. Es ist Ballaststoff. Und es ist auch ein Brechmittel – danach übergibt man sich leichter. Das Schlechte kommt wieder raus. Alles wird wieder gut.

Warum sehen uns Hunde »nur« schwarz-weiß?

Hunde sehen gut – aber nicht so scharf wie Menschen. Sie sehen auch nicht grell farbig, sondern in grauen Schattierungen und weichen Farbtönen.

Was können sie besser sehen? In der Dämmerung haben sie Jägeraugen. Ihre Augen saugen das Licht an – weil sie innen eine reflektierende Schicht haben – bei Katzen leuchtet die sogar. Ihre Augen reagieren auf Bewegungen – ein Urinstinkt, um Feinde oder Beute sofort zu bemerken. Unser Hund fing fliegende Hölzchen am Abend, die ich in der Ferne nicht mehr erkennen konnte. Hunde können eine Handbewegung auf bis zu einem Kilometer erkennen – aber sie haben Schwierigkeiten, Herrchen oder Frauchen in 50 Metern Entfernung zu erkennen, wenn sie sich nicht bewegen. Hunde sehen die Welt in Breitleinwand – in einem Blickwinkel von 250 Grad. Wir Menschen sehen die Welt peripher bis zu 180 Grad. Hunde können also fast hinter ihre Ohren gucken – wenn sich was bewegt.

»Leben ist Bewegung«, sagte der Philosoph Albert Camus.

Für Menschen sind die Augen das Sinnesorgan Nummer eins.

Für Hunde ist die Nase die Nummer eins – sie riechen die Welt.

Warum riechen Hunde eine Million Mal besser als der Mensch?

Selbst wenn der Hund die Augen schließt: beim Dösen »sieht« er die Welt mit seiner Nase – es sind Geruchssphären, die er wittert. Jeder Gegenstand ist eine Art Geruchwolke für den Hund. Die Umgebung besteht aus duftenden, schwitzenden und stinkenden 3-D-Wolken. Sie können Bomben riechen und menschliche Fußspuren sogar noch nach fünf Tagen. Sie können auch Krebs und andere Krankheiten erschnüffeln.

Es sind Urinstinkte der Wölfe, die Hunde kilometerweit riechen lassen. Ihre Schnauze hat circa 250 Millionen Riechzellen – wir Menschen nur circa fünf Millionen. Je nach Substanz riechen Hunde 100 Mal besser als wir oder sogar eine Million Mal feiner. Unser Hund verlor zuerst das Augenlicht, dann das Gehör und noch am Todestag roch er das frische Tatarhack im Kühlschrank.

Warum hören Hunde zehn Mal besser als wir?

Sie hören, was wir nicht mehr hören: hohe Töne mit Ultraschall-Schwingungen bis zu 100 000 Mal pro Sekunde. Grund: Jagd auf Kleintiere. Sie haben Ohren wie Indianer. Deshalb hören sie auch stumme Pfeifen. Deshalb hören sie auch die Vibrationen von Autos, bevor wir sie sehen.

Unser Hund spitzte die Ohren 100 Mal am Tag – weil er mehr empfand als wir.

Wir denken, dass wir etwas hören. Der Hund hört, ohne zu denken.

Haben Hunde einen übersinnlichen sechsten Sinn?

Ja, ich glaube das. Sie spüren mehr als wir. Das ist so.

Ruby wusste immer, wenn ich nach Hause komme. Sie wartete auf mich – zehn Minuten bevor ich bremste. Eine innere Uhr? Ein Ritual, weil ich ja irgendwann vor 20 Uhr heimkommen musste? Ein Gespür wie für die Tagesschau?

Vielleicht. Vielleicht nicht.

Ich weiß, dass ich wenig weiß über fremde Hunde – aber alles über einen Hund – meinen Hund.

Ein Psychiater entschlüsselt das Rätsel Hund

Mein Vater war Landarzt und Jäger. Wir hatten immer Hunde, aber es waren ferne Jagdhunde, die weit weg beim Jagdaufseher im Zwinger lebten. Sie waren selten bei uns zu Hause. Nur manchmal, wenn Papa von der Jagd kam, schnüffelten sie durchs Haus. Es waren abgerichtete Hunde, vor denen man Achtung hatte. Stark. Groß. Ruhelos. An der Leine zerrend. Hunde für das wilde Leben. Ihre Namen habe ich vergessen. Es waren keine Babys, sondern fast Waffen, Werkzeuge der Jagd. Sie wurden nicht vermenschlicht. Sie schliefen draußen in der Kälte. Es war eine andere Zeit.

Der Hund ist der perfekte Mensch: Sein Schwanz wedelt immer – ob es regnet oder Aktien fallen.
Wir können unseren Hund, den Vierbeiner, nur verstehen, wenn wir uns, den Zweibeiner, verstehen.

Immer, wenn ich etwas nicht verstehe, rufe ich meinen großen, alten Bruder an. Er lebt unter einer bayerischen Burg an einer steinernen Brücke ohne Computer – aber mit 5000 Büchern.
Er ist ein Universalgelehrter, Hirnforscher und Psychiater außer Diensten.
Er entschlüsselt für mich das Rätsel Hund.
Zehn Fragen, zehn Weisheiten.

1. Sind wir der Hund, in den wir blicken?

Lautes Lachen des Wissenden:

»Wir sind immer das, was wir denken. Der Hund ist der Spiegel unserer Wünsche.«

2. Kann ein Hund denken, fühlen und lieben?

»Natürlich. Der Hund erfühlt und erfüllt unsere Wunschvorstellungen.«

3. Ist ein Hund der beste Freund, den man sich kaufen kann?

»Ja, ein Hund ist der ideale Freund, weil kein Freund ideal ist. Wir erwarten von Menschen sehr viel – vom Hund eher weniger. Menschen enttäuschen uns, das ist menschlich. Hunde haben keine menschlichen Fehler, sie sind tierisch treu und geprägt von der Liebe zum Menschen.«

4. Warum sind Hund und Mensch das ideale Paar?

»Sie sind wie zwei Schiffe, die nebeneinander durchs Leben segeln. Jeder denkt anders, aber ihr Ziel ist dasselbe: zusammenbleiben. Der Mensch lenkt, der Hund schwänzelt. Vermutlich hat der Urhund, ein zutraulicher Wolf, sich den Menschen als Lebenspartner ausgesucht – zum Überleben. Für den Hund ist sein Mensch eine Art Gott. Und wann ist man das schon mal? Der Hund ist ein menschliches Echo.«

5. Warum macht ein Hund glücklich?

»Weil er seinem Menschen glückliche Zeit schenkt: Zuneigung, Zärtlichkeit, Aufmerksamkeit, Bedeutung. Ein Hund schenkt uns unmittelbares Leben, ohne Hintergedanken, ohne Sorgen von gestern, ohne Angst vorm Morgen. Ein Hund lebt im Hier und Jetzt und Gleich und in der Natur. Ein Hund verschiebt das Leben nicht. Ein Hund lebt – oder schläft. Oder er schleppt seinen Menschen raus aus dem Haus. Menschen mit Hunden leben gesünder, ausgeglichener und länger. Ein Mensch, auf den am Abend zu Hause ein Hund wartet, der ist einfach glücklicher.«

6. Hat ein Hund eine Seele?

»Sicher. Alles, was lebt, hat etwas, was wir nicht begreifen können.«

7. »Alles Wissen, die Gesamtheit aller Fragen und aller Antworten ist in den Hunden enthalten.« (Franz Kafka)

»Ja, deshalb schweigen sie und gucken uns zu, wie wir alles falsch machen.«

8. Was hat der Hund, was wir nicht haben?

»Ein Hund lügt nie. Er lebt, statt viel zu denken. Er spielt, statt sich zu ärgern. Er frisst, bis er satt ist – aber nicht mehr. Er hat keinen Geldbeutel und keine Taschen. Er ist nie neidisch. Ein Hund hat all die Tugenden eines Menschen – ohne seine Nachteile.«

9. Ist der Hund ein Philosoph?

»Er lebt wie einer, wie ein Asket oder Stoiker. Ein Hund ist nackt, wie Gott ihn schuf, ohne Besitz, ohne Gepäck, ohne überflüssige Bedürfnisse. Und Hunde haben auch keine Angst vor dem Tod, weil sie kein reflexives Wissen vom Sterben haben. Sie leben bis zum letzten Augenblick.«

10. Kann man ohne Hund leben?

»Selbstverständlich – leider.«

Dein Hund als schnüffelndes Facebook

Das Schöne: Dein Hund ist tägliche, zwischenmenschliche »Face-Time«.
Du guckst – er oder sie guckt zurück. Vier Augen für Zweisamkeit.
Dein Hund fragt jeden Morgen: »Was machen wir aus diesem wunderbaren geschenkten Tag?«
Du antwortest mit Zärtlichkeit und mit deinen Taten.

Dein Hund als Lebenspartner:

Wer sich einen Hund schenkt, umarmt einen Freund fürs Leben. Denn mit Hund bist du nie mehr allein. Ein Hund ist ein Mehrwert am Leben, er ist ein täglicher Partner bis zum Tod. Das ist schön, jeden Tag – und im Winter seines Lebens schmerzlich.
Ein Hund ist immer für dich da – ob du traurig bist oder krank, er ist bei dir. Immer hört er dir zu. Immer wacht er über dich. Immer wartet er auf dich. Deutschland wird zum Land der Singles – der Einzelgänger, Einzelschläfer, Einzelwohner, Einzelrentner, Einzelfernseher – und der Einsamkeit. Ein Hund macht aus einem Einzelnen ein Paar, es entsteht eine Art Seelenverwandtschaft. Du bist immer zu zweit. Du blickst in seine Augen und du siehst und entdeckst darin dich selbst. Dein Herz spielt mit deinem Hund Pingpong.
Er steht mit dir auf und bringt dich zu Bett. Er spielt mit dir und geht mit dir spazieren. Er tröstet dich und er versteht dich. Er liebt dich und akzeptiert dich, wie du bist – mit allen deinen Schwä-

chen und Fehlern. Für deinen Hund bist du eine menschliche Form von Gott.
Du bist sein Leben.

Dein Hund als Leinen-Chauffeur durchs Leben:

Du denkst, er lenkt.
Wer Gassi geht, entdeckt seine Welt neu – von unten, von ums Eck. Wer spazieren geht, lässt sich treiben – oder wird getrieben, gezogen, geführt und verführt von der schnüffelnden Neugier deines Hundes.
Wenn Ruby und ich vor die Tür trottelten, entdeckten wir das Leben neu – unbekümmert wie Dick und Doof. Mein Hund zog mich – und ich ließ mich ziehen. Ruby wurde mein Leinen-Chauffeur, in der City. Draußen auf dem Land lebte und lief Ruby leinenlos und frei. In der Stadt schützt die lange Leine vor Straßen und rasenden Autos, und eine Leine verbindet auch zwei Seelen: Wir sind ein Team.
Dein Hund wird dein Kompass, seine Nase entdeckt für dich neue Welten – und sei es nur ein Park um zwei Ecken. Wenn du dann die Leine öffnest, verleihst du deinem Hund Pfoten-Flügel, er schwebt laufend. Er verschmilzt mit seiner Natur.
Und du auch. Im Frühling entdeckst du die ersten Blumen und Knospen. Im Sommer spürst du die Sonne und die dicken Bäume. Im Herbst tänzeln deine Schuhe durch die goldenen, raschelnden Blätter und im Winter knirscht der Schnee und vor Weihnachten flackern die Kerzen in den Fenstern und es riecht vor unserem Haus nach dem knisternden Kamin.
Wenn du dann zu zweit zitternd und mit wolkigem Atem nach Hause schlurfst, weißt du, wo das Glück wohnt.

Dein Hund als wautomatischer Personal Trainer:

Wer einen Hund hat, bewegt sich doppelt so viel wie ein Mensch ohne Hund. Wautomatisch. Fünf Mal Gassi pro Tag sind quasi ein täglicher Marathon. Dein Hund steckt dich motorisch an, dein Körper wird tierisch mobilisiert. Dein Hund brummt, dein Body vibriert. Er läuft, du gehst. Sechs Pfoten für Kondition: Dein Hund ist dein privates Fitnesscenter.

Du kannst mit deinem Hund joggen oder radeln oder wandern oder Treppen steigen oder Yoga stretchen. Oder faulenzen und auf dem Sofa kuscheln. Aber wenn ein Hund die Wahl hat zwischen Trägheit und Spielen: dann lieber bewegen.

Ein Hund ist ein Energiebündel, Motorik ist seine neugierige Natur.

Dein Hund als dein persönlicher Timer:

Er ist dein Wecker und er schleckt deinen inneren Schweinehund weg. Du döst ungern weiter, wenn sein Ringelschwänzchen wedelt. Nix wie raus: Brötchendienst, Gassi gehen, Luft schnappen, den Morgen einatmen. Früher kam ich mürrisch ins Büro – seit Ruby lächelnd. Ich hatte mit ihr den Sonnenaufgang erlebt und Sonne mit dem Herzen getankt.

Ein Hund ist ein optimistisches Sprungbrett in den Alltag.

Dein Hund als Begrüßungskomitee:

Wenn der Tag geht, wartet dein wahres Leben zu Hause auf dich – und dein Hund. Dein Haus ist seine Höhle und Burg und Körbchen, die Garage die Zugbrücke.

Wenn sich abends die Scheinwerferkegel in deine Straße tasten und die Reifen abbremsen, hörte ich schon das helle Bellen im hallenden Flur. Es war die Ouvertüre der Geborgenheit. Wenn ich

den Schlüssel ins Schloss steckte, kratzten die Pfoten von innen an der Tür. Wenn ich sie öffnete, tanzte Ruby sich drehend einen Freudentanz des Wiedersehens. Dann fielen wir uns in die Pfoten und alles war gut.
Dann kamen die Kinder und es duftete nach Frauchens Küche und ich war glücklich. Wir futterten immer zu sechst und teilten alles mit dem Hund unseres Lebens. Wenn ich dann mit Frauchen und Ruby unter den Sternen schlenderte, schaltete das Leben auf Zeitlupe: Man konnte es fast festhalten.
Danke, Ruby.

Dein Hund als schnüffelndes Facebook:

Ich rede nicht gern und Hunde auch nicht. Wir lauschen lieber, gucken, riechen, spielen, lachen.
Aber wer einen Hund hat, hat fünf Millionen Hundefreunde, eine Art DogBook-Connection.
»Wie heißt denn Ihrer?« Diese Frage habe ich 1001 Mal gehört – und wenn mir der Hundemensch gefiel, habe ich »Ruby« gesagt. Es waren immer kleine Gespräche: »Small Dog Talk«. Nebensächlichkeiten, aber immer auf einer Woge der Sympathie. Wer Hunde liebt, kann nicht schlecht sein. Obwohl: auch Nazi-Monster Hitler liebte Schäferhund Blondie, bis er sie vergiftete und sich erschoss – aber was kann der Hund dafür?
Ein Hund ist ein lebendes, schnüffelndes, interaktives, vierpfotiges Facebook. Es entsteht wautomatisch eine Dog-Connection, ein Hunde-Network, das der Mensch schwer beeinflussen kann. Zufall oder Fügung.
Durch Ruby, durch die Liebe zu einem Hund, habe ich das Herz vieler Mensch erreicht und geöffnet. Von der Milliardärin bis zur Kellnerin, vom Hollywood-Star bis zum Bundeskanzler, vom

Spiegel-Chef bis zur Kinolegende Anthony Quinn. Wir trafen uns im Hamburger Atlantic-Hotel und wir sprachen über das zweitschönste Geräusch der Welt: das treue Bellen deines Hundes. Er schwärmte von Sindbad, seinem deutschen Schäferhund, mit dem er im Meer schwamm – und der noch an den Füßen von Thomas Mann geschnüffelt hatte.

»Ich muss Ihnen eine Geschichte erzählen, die Sie nie vergessen dürfen. Mein Hund war mein bester Freund. Aber er hatte ein Kind gebissen und musste in einen Käfig – er litt sehr. Ich musste einen Film drehen – und als ich zurückkam, war er weg! Meine Frau hatte ihn an Freunde verschenkt, weil ich so selten da war. Das war, als hätte man mir ein Kind geraubt. Plötzlich war das Meer nicht mehr dasselbe. Ich hatte meinen größten und treusten Gefährten verloren. Nach vier Monaten schlich ich mich zur Nachbarsranch, wo er nun lebte. Ich wollte ihn nur sehen. Ich hörte sein Bellen – und mein Herz zerbrach.

Ich rief: ›Sindbad!‹ Er kam auf mich zu, aber er knurrte.

Ich bat ihn, mir zu vergeben. Er hörte mir zu.

Ich fiel auf die Knie und weinte.

Er knurrte nur. Ich hatte ihn betrogen. Jetzt hatte er eine neue Familie zu beschützen.

Ich war gekommen und ich war gegangen – und er war weitergezogen ...«

Quinn seufzte und seine Augen glitzerten: »Vergessen Sie das nie, wenn Sie das treue Bellen Ihres Hundes hören ...«

Wau.

Zehn Schicksalsfragen

Bello, ergo sum.
Ich belle, also bin ich.

1. Ist ein Hund ein Hobby?

Nein. Ein Hund ist eine Lebensentscheidung.
Ein Hund verändert, verbessert und vertieft das Leben.
Aber ein Hund ist auch Verpflichtung, Verantwortung und ein Leben an der Leine.
Ein Hund ist kein Hobby, kein Statussymbol, kein Sport, kein Auto, kein Wesen zum Wegstellen, Wegdelegieren und Wegsperren.

Ein Hund ist ein Lebewesen, das Ihr Leben verändert.

2. Ist ein Hund ein Babyersatz?

Nein und Ja. Ein Hund ist kein Mensch. Aber ein Hund kann einen Menschen ersetzen – fast.
Unser Hund war unser erstes Baby, ein Welpe, der das Leben entdeckte und unsere Liebe.
Plötzlich waren wir zu dritt – wir wurden zur kleinstmöglichen Familie.

Vorher waren wir frei, ungebunden, egoistisch, anarchistisch, grenzenlos.
Plötzlich wurden wir Eltern eine schwarzen Herzens aus Fell.
Wir wurden abhängig, gefangen und geborgen, verliebt und nie mehr verlassen.

Ein Hund ist das Ende des Single-Seins.
Ein Hund ist das Ende der Einsamkeit und des Allein-gewesen-Seins.
Ein Hund ist wie ein drittes Bein – du gehst nie mehr ohne.

3. Darf man einen Hund verschenken?

Nein. 200 000 Hunde werden jedes Jahr in Deutschland ausgesetzt.

Ja. Sich selbst und der Familie, wenn jeder will, jeder mitmacht, jeder Verantwortung übernimmt, jeder Gassi geht – und nicht alles an Frauchen hängen bleibt.

4. Soll man einen Hund in die Hundeschule schicken?

Ja. Wenn man einen abgerichteten Hund will.
Dafür bellt: Gehorsam. Klare Befehle. Sicherheit im Straßenverkehr.
Wir entdecken das Tier im Hund und das Wesen der Rudel-Gesetze.

Nein. Wenn man das Wunder Hund selbst und ungezwungen und chaotisch erleben will.
Unser Hund war nie in einer Schule. Seine Schule war die Natur und wir und das Leben.

5. Soll man Hunde unfruchtbar machen lassen?

Ja, leider. Sterilisieren und Kastrieren sind die Pille für den Hund.

Tut es nicht, es ist gegen die Natur – das sagen die Landmenschen.

Tut es doch, es macht das Leben für alle leichter – das sagen die Stadtmenschen, viele Tierärzte und die überfüllten Tierheime.

Unserer Hündin Ruby wurde mit einem Jahr die Gebärmutter entnommen – es war ein schwerer Schritt mit zwei kleinen Schnitten.
Ruby litt drei Tage.
Wir litten länger.
Wir haben es am Anfang bereut – aber später nie.
Nie Ruby-Babys. Nie Mutter sein dürfen. Aber auch nie Welpen ins Tierheim bringen müssen.

Jede Entscheidung ist richtig.

6. Leine oder keine Leine?

Keine ist besser.
Leine ist sicherer.

Ruby ist leinenlos auf dem Land groß geworden, frei.
In der Stadt als Welpe mit Leine, dann ohne, im Alter wieder mit.
Ein großer Hund sollte Leine tragen, denn es kann zu viel passieren.
Ein kleiner Hund kann leinenlos leben, wenn die Straßen sicher sind, wenn keine irren Autorambos rasen, wenn der Hund menschlich behütet ist.

Grundsätzlich: Wenn es gefährlich wird, Leine.

7. Darf ein Hund im Bett schlafen?

Nein, aber …
Ein Hund gehört nicht ins Bett.
Das Bett ist rein, der Hund ist ein Schwein.

Ein Bett ist gewaschen, ein Hund ist voller Natur.
Unser Bett ist unser Körbchen, ein Hund braucht seinen eigenen Platz.
Trotzdem schlafen Tausende mit ihren Hunden – vom Millionär Rothschild bis zu uns.

Als Ruby Welpe war, faustgroßklein, schlüpfte sie, gehoben von warmen, gütigen Händen, in unser Bettchen, sie war eine Wärmflasche mit Herz. Wir waren in unserm Bett plötzlich zu dritt und es war schön: Je kleiner, desto schöner, je größer, desto störender.
Ein Welpe darf ins Bett, auch wenn er es nicht sollte.
Wir haben Ruby eine Kuschelecke mit Luxuskörbchen und Wärmflasche am Fußende unseres Bettes gebaut. Es dauerte, aber eines Nachts schlief Ruby plötzlich allein.
Wir waren wieder frei und ein bisschen traurig.

8. Ein Hund – oder gleich zwei?

Beginne mit einem kleinen Hund.
Ein Hund verändert viel, zwei Hunde sind eine tierische Lawine.
Ein Hund braucht Zeit und Platz und Geduld und Zärtlichkeit und Regelmäßigkeit und noch mehr.
Zwei Hunde brauchen alles doppelt.

Alles hat seine Zeit.

9. Sind Hunde für Kinder gefährlich?

Nein und gleichzeitig Ja.
Je kleiner der Hund, desto ungefährlicher.
Je sanfter desto besser.
Ein Hund akzeptiert Kinder.

Bei unserem ersten Baby hatten wir ein bisschen Angst vor Ruby, obwohl wir Ruby ins Krankenhaus geschmuggelt hatten zum ersten Schnüffelkontakt.
Aber Ruby wurde zum Wachhund für unser Baby.
Unser Baby wurde Rubys Baby.
Bei jedem Kind rückte Ruby ein Stückchen weiter weg von unserem Herzen.
Aber sie war immer da, immer lieb, immer treu, immer unser Rudel.
Unser Hund hat stets auf unsere drei Kinder aufgepasst.
Ein Hund wie kein Hund.

Trotzdem bleiben Hunde Tiere.
Je aggressiver, desto gefährlicher.
Je größer, desto vorsichtiger sollte man sein.
Und Vorsicht vor dem fremden Hund.

10. Wie lange lebt mein Hund?

Ein Hund teilt ein Jahrzehnt mit Ihnen, zehn lange, schöne und zu kurze Jahre.
Je größer und überzüchteter der Hund, desto kürzer wird er mit Ihnen leben.
Je kleiner und gemischter der Hund, desto länger wird er Ihr bester Freund bleiben.
Je größer die Liebe und Zärtlichkeit und Zeit, desto länger wird Ihr Hund Sie glücklich machen – und Sie ihn.

Unser Hund Ruby wurde 17 Jahre und zwei Monate: Sie war ein ausgesetzter LaStraMi, ein Land-Straßen-Mix aus Jack Russell und allem Möglichen.

Ruby wurde im Osten ausgesetzt von bösen Händen – und aufgeklaubt von guten.
Sie war neugierig, schnell und nie krank.
Sie überlebte sieben Fast-Unfälle – aus Glück und durch Schicksal.

Es waren die schönsten 17 Jahre unseres Lebens.

Hundewood – Warum der Hund der beste Freund der Stars ist

Sie haben alles, wovon wir träumen.
Ruhm, Geld, Villen, Autoflotten, Jets, Sex, Drugs und Macht.
Aber wenn sie nach Hause kommen, streicheln sie ihren Hund.
Warum? Warum ist der Hund der beste Freund der Stars, der Staatsmänner und der Jahrhundertgenies?
Weil ein Hund auch ihr treuester Freund ist – ohne Arg, ohne Hintergedanken, ohne Geldbeutel.
Er liebt sie bedingungslos, nur weil sie sie sind.

Santa Monica. Pazifik. Sonne.
Ein russischer Chauffeur fährt mich im klimatisierten Lincoln-Town-Car zu einer Fabrikhalle. Kamera. Gitter. Knopf. Summsumm.
Ich stehe im Großraumbüro von Doppel-Oscar-Star Tom Hanks.
Eine Tür öffnet sich und strahlendes Sonnenlicht fließt in die fensterlose Büroburg.
Ich sehe seinen Schatten und seinen weißen Schäferhund.
Tom Hanks hat seine Kinder in die Schule gefahren, mit einem Hybrid-Auto. Er trägt Hängetasche, Dreitagebart und einen dampfenden Kaffee für mich.
Sein Hund beschnüffelt mich: »Er mag sie.«
Ich: »Ich mag Hunde.«
Er: »Ich liebe Hunde, wir haben zwei. Wenn ich mehr Zeit hätte, würde ich Hunde züchten. Sie verbinden uns mit der Natur. Sie lehren uns Demut. Und sie sind meine Bodyguards.«

Wir lächeln und die Fremdheit weicht.
Die Liebe zu Hunden öffnet Herzen.

Ich traf viele Weltstars und jeder zweite wurde sanft und menschlich, als wir über Hunde sprachen.
Die Liebe zu Hunden ist eine Weltsprache und macht innerhalb kürzester Zeit aus Fremden Freunde.
Na ja, vielleicht nicht in Asien.
Wenn ein Hundemensch zu einem Menschen mit Hund spricht, öffnen sich die Seelen.

Nachts jaulen die Kojoten in den Hügeln über Hollywood.
Villenhunde halten Wache über Hundewood.
»Einer meiner drei deutschen Schäferhunde ist durch ein Zaunloch verschwunden, er ist nie mehr zurückgekehrt …« Seufzt Sylvester Stallone.
Seine Augen schimmern. Er glaubt, dass ihn die Kojoten zerfetzt haben.
»Wenn du Hunde hast, wirst du nicht enttäuscht. Diese Stadt ist hart und schnell und vergesslich. Aber deine Hunde sind treu, verlässlich und vergessen dich nie. Wenn du heimkommst, warten Freunde auf dich – jeden Tag.«

London. Soho-House-Hotel.
Eva Mendes, eine der schönsten Frauen der Welt, zeigt mir den Screensaver ihres Blackberrys: »Das ist das Wertvollste, was ich besitze: mein Hund.«

Wo immer auf dem Planeten sie ist, ihre Assistentin mailt ihr täglich als Happy-Check-up ein Foto ihres Lieblings; so schläft sie nie allein ein.

Showbusiness ist ein einsames Business.

Als ich gehe, schenkt sie mir Schokolade und umarmt mich: wie von Hund zu Hund.

Ich fahre bei Sonnenuntergang im Auto vom Büro nach Hause, als das Handy klingelt: »Hello, this is Dustin Hoffman from Los Angeles.«

Ein Weltstar ruft einen Reporter an.

Es geht um seinen neuen Film, aber ich höre Bellen im Telefon und der große kleine Mann erzählt mir, wie er jeden Morgen den Tag beginnt:

»Ich erwache bei Sonnenaufgang. Aber ich lasse meine Frau schlafen und ziehe mit meinen zwei Golden Retrievern und einem duftenden Kaffeebecher zum Pazifik. Das ist der schönste Moment meines Tages: Die Welt erwacht jeden Tag neu wie ein Geschenk Gottes und wir begrüßen sie bellend.«

Warum liebt er Hunde?

»Es sind meine wahren Freunde. Sie schenken mir Geborgenheit. Sie beruhigen mich. Sie liegen zu meinen Füßen. Sie beschützen mich. Es sind meine Schutzengel.«

Regiegenie Steven Spielberg verfilmte einen Lebenstraum: Den Kultcomic *Tim und Struppi* von Hergé, die Abenteuer eines jungen Reporters mit seinem Hund. Es geht um die Kunst der Freundschaft.

Spielberg hat sieben Kinder und zwei Hunde: »Mein größtes Glück ist es, sie gemeinsam aufzuwachsen zu sehen. Das Wichtigste ist die Familie, dann erst kommt die Karriere.«

Spricht er mit seinen Hunden?

Lautes, warmes, väterliches Lachen füllt die Suite des Pariser Luxushotels:

»Nein. So verzweifelt war ich noch nicht. Aber ich schenke ihnen viel liebende Aufmerksamkeit.

Beide sind sehr smart: Harlow ist ein australischer Schäferhund, ziemlich groß, und Potter, wir nennen ihn Harry Potter, ist ein Border Collie. Mit beiden brauche ich nicht viel zu reden, weil sie die erstaunliche Fähigkeit haben, mich ohne Worte zu verstehen. Sie fühlen mich. Sie spüren meine Gefühle. Und das ist das Wunder der Tiere, vor allem bei Hunden und Katzen: Sie können durch Vibrationen empfinden, wie man sich fühlt.«

Amanda Seyfried ist eine der neuen Prinzessinnen Hollywoods. Sie hat große Augen und eine großes Herz. Sie wird im Maybach gefahren und baut eine neue Villa mit Ballettsaal in der Garage, aber wann ist sie am glücklichsten?

»Wenn ich *off* bin – weg von allem. Wenn ich morgens mit meinem Hund im Bett liege und niemand etwas von mir will. Das klingt vielleicht ein bisschen verrückt. Aber das ist Quality Time für mich – lebenswerte Zeit. Mein Hund hält mich in der Gegenwart fest. Ich denke nicht an morgen, sondern lebe im Jetzt.«

Expräsident Bill Clinton erzählte mir mal: »Meine unbeschwerteste Zeit im Weißen Haus war die Zeit mit Buddy.« Das war sein schokoladenbrauner Labrador, der sogar in seinem Präsidentenbett schlief, wenn Hillary nicht da war: »Wenn wir Zeit hatten, gingen wir in den Rosengarten und ich schmiss einen gelben Tennisball in den blauen Himmel, und plötzlich stand die Zeit still. Ich vergaß die Sorgen und die Politik und schaute nur Buddy nach, wie er sich des Lebens freute.«

Buddy wurde nur vier Jahre alt.

Vor dem Privathaus der Clintons lief er einem netten Handwerker hinterher – auf die Hauptstraße. Das Auto eines 17-jährigen Mädchens konnte nicht mehr bremsen.

Der mächtigste Mann der Welt hatte Tränen in seinen blauen Augen.

Auch das harte Herz eines Jahrhundertgenies kam auf den Hund. Die letzte Liebe von Picasso war ein Dackel.

Er hieß Lump, kam aus Stuttgart und war ein Geschenk.

Es hatte immer Hunde gegeben in Picassos Leben, aber dieser Dackel schleckte sein Herz.

Am ersten Tag ihrer Liebe malte er Lump auf einen Teller – davon aß dann der Hund.

Der alte Mann und der einjährige Hund. Ein Märchen an der Côte d'Azur.

Der Fotograf David Douglas Duncan erinnert sich: »Wenn Picasso Lump ansah, dann leuchtete eine warme Sanftmut in seinen Augen, ganz kurz.«

Die Liebe dauerte 16 Jahre.

Lump starb mit 17.

Picasso starb zehn Tage später als 92-jähriger alter Mann.

Altkanzler Helmut Kohl ist ein Riese, aber auch er hat ein Herz aus Fell.

Als er einmal die *Bild* in Hamburg besuchte, lief ihm Ruby zwischen die Füße, irritiert, neugierig, verloren.

Der Kanzler glitt wie ein Dampfer durch die Hallen – mit einem Schwarm von Leibwächtern.

Ruby war klein und ganz allein. Sie wollte raus. Er wollte rein.

Der Riese und der Zwerg.

Sie liefen aufeinander zu.

Ruby schnüffelte den Gang entlang. Der Kanzler stoppte, staunte und beugte sich nach unten: »Du bist aber ein sympathischer Hund. Du bist ja auch schwarz wie ich.«

Der Riese ging in die Knie. Sein Hände packten Ruby, die sich sträubte: »Ich sehe, du hast eine Steuermarke. Du bist ein anständiger Bürger. Sehr brav.«

Ruby hat sich gleich ein bisschen in den großen, mächtigen Mann verguckt.

Wer beugt sich schon nach unten?

Welcher Machtmensch streichelt schon einen kleinen, scheuen Hund, der ihm vor die Füße läuft?

Durch das Streicheln wird der Mensch menschlicher.

Eines der Lieblingsfotos des Kanzlers der Einheit und Europas Ehrenbürgers zeigt ihn in Schwarz-Weiß mit Pfeife – und seinen Schäferhund in den Armen – sechspfotig.

Ein Mann und sein Freund.

Hollywood-Legende Kirk Douglas schläft mit seinen Hunden im Bett – aber nicht mit seiner Frau: Sie haben getrennte Schlafzimmer, weil er einen anderen Schlafrhythmus hat.

»Meine Frau sagt, ich könne auf Frauen verzichten, aber nicht auf Hunde.« Er schmunzelt. Seine Frau schmunzelt.
Wir sitzen in der Polo Lounge des Beverly-Hills-Hotels in Los Angeles.
Er trägt weiße Basketballschuhe ohne Schnürsenkel, eine Ray-Ban-Sonnenbrille und einen blauen Pulli und er spricht Deutsch – seine Frau kommt aus Hannover.
Er hat zwei Labrador Retriever.
»Ohne Hunde kann ich nicht leben. Wenn ich nach Hause komme, lebt das Haus durch die Hunde. Ich schlafe mit ihnen ein und wache mit ihnen auf. Ich schlafe sehr unruhig und kurz. In meinem Schlafzimmer bin ich umgeben von Chagall-Gemälden und meinen Hunden. Ich liebe ihren ruhigen Atem, ihre Geduld und ihren Gleichmut. Ich wäre gerne Hund bei mir.«
Er lacht laut und lässt sein halb gegessenes Sandwich in ein rosa Doggie-Bag einpacken.
Dann geht er schwingend, wippend heim zu den Hunden, die auf ihn warten.

Als ich meinem Freund Tom Cruise erzähle, dass unser Hund in meinen Armen starb, schweigt er.
Dann sagt er: »Das ist der Tod eines Freundes.«

16 Regeln, einen Hund zu lieben

Es sind kleine Momente, die unser Leben lenken.
Es sind Augenblicke, in denen unsere Augen etwas erblicken, das unser Leben verändern wird.

Wir erblickten unseren Hund als schwarzes Fellknäuel in einer Silvesternacht bei einem rauschenden Fest. Klein wie eine Faust. Süß wie Zucker. Neugierig wie Lumpi.
Ruby sollte wieder ins Tierheim, aus dem sie als Waisenwelpe von gütigen Händchen gerettet worden war. Ihre Vampirzähnchen piksten das ängstliche Kind der Retter.
Rubys Schicksal war offen wie ein Abgrund.

Aber noch offener war das Herz meiner Frau.
Ihre Augen blickten in die Augen des kleinen Hundes und der Blick war wie ein Versprechen.
Ihr Herz hatte entschieden und eine sanfte Weiche in unserem Leben gestellt.
Eine leise, zärtliche Entscheidung mit einer Lawine von glücklichen Folgen.

Mein Herz folgte ihrem Herzen – und wir haben es nie bereut.

Wer Ja sagt zum Hund, muss Wau sagen zu einem neuen Leben.

Regeln, die von Herzen kommen.
Regeln, Ihren Hund zu lieben und von ihm geliebt zu werden.
Regeln, die Sie nicht einhalten müssen.
Denn jeder Hund ist einzigartig – wie Sie selbst.

1. Ein Hund ist der einzige Freund, den du kaufen kannst

Finde deinen Hund fürs Leben. Es muss Liebe auf den ersten Blick sein, es muss ein Wiedererkennen sein, ein Augenblick der Seelenverwandtschaft. Dich muss ein kleiner Blitz treffen und das Hundeschwänzchen muss trudeln wie ein Quirl.

Ein Hund ist der einzige Freund, den du kaufen kannst. Diese Wahl ist eine Qual. Denn nicht alles, was teuer ist, ist gut. Nicht alles, was Rasse ist, hat Klasse. Mancher Mischling aus dem Tierheim hat mehr Lebensenergie als ein überzüchteter reinrassiger Modehund.

Dein erster Hund in deinem Leben sollte ein Zufalls-Mischling der Liebe sein – wie Ruby. Sie wurde ausgesetzt und kam über Umwege zu ihrem neuen Zuhause. Ein Hund ist kein Spielzeug, sondern eine lebenslange Verpflichtung. Wer Wau sagt, muss zehn bis 15 Jahre mitbellen.

Ein Hund ist ein Familienmitglied. Ein Hund muss von allen Herzen gewollt werden. Das Rudel muss geschlossen Wau bellen. Einer muss das Alphatier sein – am besten Papa. Einer muss das Rudel und den Hund führen, damit alle wissen, wo es langgeht. Das wird nie ganz klappen. Aber Hunde brauchen und suchen Orientierung.

2. Hunde sind ewige Kinder

Deshalb brauchen sie Regeln, Rituale, Ruhephasen. Jeder Tag sollte einen gefühlten Stundenplan haben: aufstehen, Gassi gehen, frühstücken, spielen, laufen, mittagessen, Gassi gehen, spielen, flirten, faulenzen, abendessen, Gassi gehen, laufen, müde werden, schlafen.

Liebe ist die beste Erziehung – strenge Liebe. Wir haben Ruby wie ein Baby auf Händen getragen, vielleicht zu viel. Vielleicht auch nicht, denn 17 Jahre lang war sie unser Glück. Sie war ein freier Hund.

Leine oder keine Leine!? Das ist eine Lebensentscheidung. Wir haben Ruby leinenlos erzogen. Ihr Charakter war viel zu frei, um angekettet zu werden. Ihre Neugier waren ihre Flügel. Aber der Zwilling der Freiheit ist die Angst. Die Killer sind die rasenden Autos. Wir haben uns als Lebensversicherung für einen Kompromiss entschieden: Leinenloses Leben, aber Cityverkehr mit Leine als Bodyguard. Ruby hat ihre Leinen nie geliebt.

3. Hunde sind keine Menschen

Ein Hund ist kein Mensch, sondern ein vermenschlichter Wolf. Seit 15 000 Jahren ist er der treuste Begleiter und Beschützer des Menschen. Trotzdem darf man seine Natur nicht vergessen: Sie ist wild, frei, bewegungssüchtig. Wir müssen unsere Hunde Hund sein lassen.

4. Das erste Jahr ist ein Lern- und Lehrjahr

Das erste Jahr mit einem Hund sind 52 Flitterwochen. Man liebt sich, entdeckt sich, ärgert sich, wundert sich. Es ist ein Lern- und

Lehrjahr. Du stellst die Weichen für die Zweisamkeit des nächsten Jahrzehntes. Entdecke eigene Regeln und halte dich daran – wenn es geht. Regeln sind wie Birken: Sie tanzen im Wind der Liebe.

Du wirst die vier Jahreszeiten wieder neu entdecken. Der Frühling ist das Erwachen der Sinne. Der Sommer strahlt in deine Seele, die Hitze des Lebens. Der Herbst ist golden, melancholisch und er streichelt deine Sinne. Der Winter bringt den Schnee und die Geborgenheit und die Nachdenklichkeit über den Lauf des Lebens. Und Weihnachten ist die Krone des Glücks. Aber Achtung: Silvester ist blanker Horror. Hunde hassen Krieg: Raketen, Bomben, Schüsse.

Du wirst den ersten Geburtstag deines Hundes feiern, ein Hund ist ein neues Kind. Er wird die Kerze beschnuppern und den Kuchen. Es können auch Würstchen sein oder Leberwurstschnitten. Feier bewusst, denn dieser Hund hat dein Leben verändert. Spürst du es?

5. Dein Hund muss dich verstehen

Denn du wirst deinen Hund vielleicht nie ganz verstehen, er wird ein Geheimnis bleiben. Du musst befehlen, bestimmen und bereit sein zu führen. Du bist der Boss, auch wenn du das nicht sein willst. Aber du bist die Nummer eins, dein Hund ist nur die Nummer zwei. Du gehst zuerst ins Haus. Du steigst zuerst aus dem Auto. Du gehst die Treppe zuerst hinauf. Du isst als Erster. Du stehst als Erster auf ... Das wirst du wohl nicht schaffen.

Dein Hund kann 60 bis 100 Befehle, Gesten, Zeichen verstehen. Es gibt auch Hunde, die sich noch mehr merken. Das reicht für ein

Leben. Dennoch benötigt der Mensch eigentlich nur drei Worte, die dem Hund zunächst Stopp signalisieren.

Das wichtigste Wort ist »Sitz!« Du wirst es eine Million Mal aussprechen. »Sitz« bedeutet »Stopp! Setz dich hin. Hör mir zu. Ich muss mit dir reden. Hör auf mit anderem Blödsinn. Gehorche.« Dein Hund muss diesen SOS-Befehl verinnerlichen.

Das zweitwichtigste Wort ist sein Name. Wenn du seinen Namen rufst, schreist du innerlich. Sein Name ist ein Lassoschrei »Stopp! Volle Aufmerksamkeit. Komm her. Lauf nicht weiter. Komm zurück. Höre auf mich. Lass alles andere sein.« Wenn du den Namen deines Hundes rufst, muss die Welt still stehen – und dein Hund.

Das drittwichtigste Wort ist »Aus!«. Es ist ein Mix aus »Sitz« und Namen. Es heißt »Stopp! Aufhören. Was du tust, ist falsch.« Es ist ein Behilfsschrei, der den Stecker aus dem Hund ziehen will. »Höre sofort auf, was immer du gerade tun willst.«

Mehr als diese drei Worte braucht der Mensch eigentlich nicht, damit ihn sein Hund versteht.
Vielleicht noch: »Komm!« Das ist dann wie ein Kuss.

6. Lass deinen Körper sprechen

Bewegung ist die gemeinsame Sprache zwischen Mensch und Hund.
Du verstehst deinen Hund, wenn du mit ihm spielst. Wenn du ein angespucktes Stöckchen in den Himmel wirbelst und dein Hund voller Glück hinterherjagt, dann steht die Zeit still. Dann lebst du.

Dann denkst du nicht mehr – dein Hund denkt eh nicht, er spürt und riecht das Leben. Geht zusammen raus, raus, raus.

Dein Hund versteht deine »Vibrations«, deine vibrierenden Gefühle. Er liest in deinem Gesicht, in deinen Gesten, in deinem Gemüt. Er spürt, was du willst. Er will nur spielen und fressen. Wenn du also offen bist in deiner Körpersprache, versteht dich dein Hund ohne Worte – na ja, fast.

Mensch und Hund ergibt eine Person. Das ist die Formel deines Lebens.
Wenn ihr zusammen älter geworden seid, werden eure Körpersprachen wie Zwillinge sein. Es wird eine Harmonie der Bewegungen zwischen euch entstehen, eine Art Tanz zwischen Mensch und Hund.
Am Anfang wart ihr zwei Welpen, die sich gegenseitig entdeckten. Vielleicht die schönste Zeit? Sei geduldig. Sei liebevoll. Sei nicht perfekt. Wenn nur 70 Prozent der Zwiesprache klappen, ist das schon sehr viel.
Ich hab mir immer vorgestellt: Ich bin Kolumbus und mein Hund ist ein neuer Kontinent. Dich will ich mit Liebe und Verständnis erobern. Er hat mich erobert.

7. Du bist Gott

Lass deinen Hund an der langen Leine der Liebe etwas zappeln, das klingt fies, ist aber lieb.
Eure Beziehung ist eine Liebesbeziehung, aber der Hund ist der Abhängige. Du beschaffst das Futter und schenkst damit Leben. Du bist Herrchen oder Frauchen; dein Hund ist der Hund, der gern in deinem Schutz und unter deinen Pfoten glücklich und gehor-

sam lebt. Belohne ihn mit Liebe. Tadel ihn mit Liebesentzug. Er muss sich an dir orientieren – nicht umgekehrt.

Fazit: Du bist Gott für deinen Hund. Keiner will das sein, aber man muss es sein. Was du sagst, wird gemacht. Das Glück des Hundes ist ein abhängiges Glück, ein menschlich gegebenes Glück.

8. Rüste dich clever aus

Dein Hund schenkt dir einen neuen Lifestyle. Du bist nun plötzlich ein Outdoor-Gentleman oder eine Land-Lady. Du musst deinen Hund als kleines Pferd begreifen. Was braucht man, was kauft man? Was macht dich und deinen Hund happy?

Erster Tipp: Nicht zu viel. Der Hund braucht eigentlich sehr wenig. Es gibt aber sehr, sehr viel. Beginne langsam und mit dem Wichtigsten. Das Wichtigste ist das ideale Körbchen. Eine bequeme Leine. Und zwei Halsbänder: Eines für immer und eines für die Nacht – zum Leuchten. Ein Körbchen muss so groß sein, dass dein Hund bequem eingerollt reinpasst. Und es muss waschbar sein. Wir haben noch ein Lammfell reingelegt. Man sollte es auch mit ins Auto nehmen können. Eine Leine muss lang halten. Sie muss dir gefallen, weil du sie täglich benutzt – also nicht sparen. Sie sollte leicht sein und lang genug, aber nicht zu lang. Leder ist am schönsten, aber am schwersten. Genial bequem, aber auch leicht lächerlich wie ein nabelschnurlanger Angelhaken: die sich selbst auf- und rausrollende Flexileine, die bis zu zehn Meter lang ist. Eine deutsche Weltmarke, erfunden 1973 von Hundeleinenpionier Manfred Bogdahn. Halsbänder gibt es wie Hunde in Berlin. Es muss dir gefallen. Es muss bequem und leicht für den Hund sein. Und es muss leicht auf- und abzumachen sein. Ruby trug nur draußen ein Halsband mit Hundemarke. Nachts trug sie im Park ein Leuchthalsband: zum Wiederfinden und zum Schutz vor Autos. Sie leuchtete wie ein Stern. Mach dir deine eigenen Regeln. Fang billig an. Entdecke neugierig eine neue Welt. Aber langsam.

Ein Hund braucht keine Kleidung – oder doch? Ruby trug ihr Leben lang nur Fell. Bei eisigem Nordseewind oder im Schnee an der Ostsee. Die einzige Kleidung, die sie von Onkel Jaco geschenkt bekam, war eine leuchtend orange Rettungsschwimmweste fürs Boot. Aber ich verstehe Menschen, die Ihre Hunde vor eisigen Winden und Schocktemperaturen schützend bekleiden wollen. Es gibt schon sehr lustige Sachen. Aber natürlicher als Fell?

Wenn der Hund älter wird, braucht man weniger und gleichzeitig mehr. Wenn das Alter leise in die Pfoten kriecht, muss man es dem Hund bequem machen, aber nicht zu bequem. Lauf, Hund, lauf um dein Leben. Das Wichtigste ist ein gütiger Tierarzt, dem die Hunde vertrauen. Gesundes, etwas teureres Futter. Und vielleicht ein neues Körbchen, obwohl der Hund das alte liebt. Oder ein Treppchen ins Auto? Eine neue Haarbürste zum zärtlichen Kraulen? Eine Zahnbürste gegen Zahnstein? Das Angebot ist so groß. Nicht zu viel Kekse. Weniger Zucker. Weniger Fett. Weniger Fressen. Mensch und Hund leben länger und gesünder, wenn sie weniger essen – leider.

Fazit: Was man seinem Hund schenkt, schenkt man sich selbst. Dein Hund ist dein Mini-Ego. Hab ihn lieb. Aber meistens ist weniger mehr. Ein Nein zum Konsum ist oft ein Ja zum Leben.

9. Sei vorbereitet

Was tun, wenn mein Hund muss? Hunde folgen ihren Bedürfnissen wie Menschen. Aber sie haben keine Hände. Also geh oft, oft raus. Am Anfang sehr, sehr häufig, bis der Welpe stubenrein ist. Danach: Ein Leben lang drei bis fünf Mal pro Tag und Nacht. Das Wichtigste: Wir müssen die Popowürstchen entsorgen. Wie? Am einfachsten und hygienischsten sind die dünnen, schwarzen, knisternden Plastikbeutelchen. Man trägt sie bei sich. Bei Not: Rechte Hand in Beutel. Beutel über Würstel. Hand wie Baggerschaufel schließen. Beutel mit der linken Hand über die rechte Hand streifen, Würstelhaufen reinziehen. Säckchen zuknoten. Den Beutel in den nächsten Mülleimer.

10. Lass dich führen

Entdecke die wunderbaren Wahrnehmungen deines Hundes. Mit deinem Hund entdeckst du eine Natur neu, die du vielleicht vergessen hast. Die Nase ist sein Auge. Seine Wiese ist seine Zeitung. Die Natur ist sein Fernsehen. Ein Hund ist am natürlichsten in der Natur – wo wir auch hingehören. Wir leben in einem elektronischen Käfig aus Monitoren, Telefonen und Terminen voller Flüchtigkeiten. Wir vergessen die Namen der Bäume und den Duft der Blumen und wir telefonieren aneinander vorbei auf Mailboxen, die keiner abhört. Ein Hund hat kein Handy, er hat nur seine Nase. Lass dich von ihm an seiner Nase langführen – und du wirst die Welt neu entdecken!

Der Hund wird zum Kompass. Dein Hund ist ein Philosoph. Der Mensch sucht das Glück – der Hund ist einfach glücklich. Warum? Weil er in der Gegenwart lebt. Weil er das Gestern nicht bereut und keine Angst vor dem Morgen hat. Er lebt Pfote auf Pfote. Er erwacht und geht Gassi und hat Hunger und spielt und döst und frisst und spielt und schnuppert und schläft, wenn er müde ist – und steht auf, wenn er erwacht. Nachmachen! Dein Hund ist dein Leinenchauffeur. Lass dich führen und verführen, lass dich treiben und festhalten.

Dein Hund lässt dein Herz joggen. Wer einen Hund hat, bewegt sich dreimal so viel wie jemand ohne. Ein Hund fördert Atmung, Kreislauf und Herz und macht schlank. Wer einen Hund hat, lebt länger und gesünder und glücklicher.

Dein Hund ist ein Seehund. Das Meer ist plötzlich mehr. Ruby und ich haben das Meer geliebt – den salzigen Wind, das Kreischen der Möwen, das Holz am Strand, das lange Laufen an der Brandung – nur du und dein Hund und das Meer. Ein Hund hat nie schwimmen gelernt – aber seine Gene können paddeln. Ruby schwamm oft 50 Meter hinaus in die Ostsee wie ein kleiner Kreuzer mit Schnauze. Dann schnappte sie das Stöckchen und tuckerte zurück. Hunde lieben das Wasser, ob Pfütze oder See. Nur Vorsicht vor gefährlichen Strömungen in reißenden Flüssen: No-go-Gebiet.

Dein Hund flirtet. Die Hundewiese ist ein sozialer Kontakthof. Wo Hunde sind, gibt es Menschen und Zwischenmenschliches. Ein Hund schnüffelt gern – überall. Ein Hund verbindet Menschen, die sonst nichts verbindet.

Fazit: Der Hund holt und rettet den modernen Menschen aus seiner elektronischen Höhle. Wir müssen ihm und seinem Instinkt nach Leben nur trauen.

11. Kein Heim ohne Hund

Dein Hund macht dein Haus zum Heim. Wo dein Hund ist, da ist dein Zuhause und du bist angekommen bei dir selbst.

Wer einen Hund hat, wirft einen Anker. Ein Hund schlägt Wurzeln, er ist wie ein laufender Baum, der immer wieder Heimweh hat. Wer sich für einen Hund entscheidet, der fühlt sich geborgen und glücklich in seiner Situation. Leute, die sich verändern wollen, brauchen keinen Hund. Aber Menschen, die ihr Lebensgefühl festigen wollen, die kommen auf den Hund, weil ein Hund ein Ausrufezeichen ihres Gefühls ist. Ein Hund ist ein Versprechen: Wir sind wir. Das Land-Lord-Gefühl kehrt so auch in die kleinste Wohnung ein.

Es gibt kein Schloss ohne Hund. Als unser Hund an unser Herz klopfte, wohnten wir zur Miete im dritten Stock ohne Aufzug, über dem Weihbischof von Hamburg, den wir erst durch Ruby im Treppenhaus der 100 Stufen kennenlernten. Ein Hund zaubert aus dem kleinsten Apartment eine Burg mit Schloss und Schoßhund. Ein Hund ist wie ein Butler. Wenn es klingelt, bellt der Butler, eilt zur Tür und empfängt schleckend und schnüffelnd den Gast. Wenn ein Hund vor deinen Füßen liegt wie ein Teppich, wirkt das wie ein tierischer Kamin. Es knistert Gemütlichkeit. Das Haus lebt plötzlich und wartet auf dich. Dein Hund schenkt deinem Heim eine ewige beruhigende Unruhe; wie ein tierisches Uhrwerk, das immer schnaufend tickt und den Mauern Leben einhaucht. Ein Haus ohne Hund braucht Licht, um zu leben. Ein Haus mit Hund lebt. Ein Hund schenkt einem Haus oder einer Wohnung ein Herz. Immer pocht was. Immer ist etwas da. Immer wartet etwas auf dich. Durch einen Hund entsteht eine Sehnsucht zurückzukommen. Ein

Hund verleiht einem auch diese beruhigende Gewissheit: Ich werde bald wieder da sein, wo ich hingehöre. Bello, ergo sum.

12. Schutzwall Hund

Dein Hund beschützt deine Familie. Er ist wie ein hauseigener Löwe.

Und wenn der Hund nur faustgroß ist, er verleiht dennoch sofort Sicherheit. Er ist eine pipimachende Alarmanlage. Ein Hund hört besser, riecht besser und hat den Höhleninstinkt der Urzeit: Geräusche eines Eindringlings? Alarm! Achtung: Feind! Man schläft besser mit Hund – wenn auch nicht mehr so lang.

13. Kinder lernen fürs Leben

Deine Kinder lernen Verantwortung übernehmen für ein Lebewesen.

Die elektronischen Medien saugen unsere Kinder in den 24-Stunden-Rachen ihrer Monitore. Ein Hund ist das Gegenteil vom Internet: Ein Hund ist ein Lebewesen. Er hat Bedürfnisse und Fehler. Er stiehlt dir Zeit und schenkt dir dadurch Zeit für dich selbst. Ein Hund erzeugt ein Verantwortungsgefühl, er ist der erste Spielpartner für dein Kind, der lebt. Gerade weil ein Hund nicht spricht, erzeugt er Gefühle – und spiegelt sie in unseren Kindern wider. Ein Hund ist ein Sparringspartner für soziale Interaktion – was immer das ist.

14. Sorge für seine Unterkunft

Dein Hund braucht ein Zweit-Home – ein Hundehotel für die Zeit der Ferien, des Wegseins, der Einsamkeit. Wer passt auf deinen Hund auf, wenn du nicht da bist? Eine Grundsatzfrage.

Die schönste Lösung sind Eltern oder Verwandte oder Freunde mit Hunden, die nicht zu weit weg wohnen und genug Platz haben. Oder der Partner, der gerne dogsittet. Die zweitbeste Lösung ist ein Hundehotel, das nicht zu teuer ist und an das sich der Hund glücklich gewöhnt: als Ferienoase weg von Frauchen und Herrchen und den Monsterchen.

15. Carpe diem

Das Alter wird zum wärmenden Winter des Lebens. Wenn dein Hund alt wird, beginnt der Ritt in den Sonnenuntergang. Man spürt es. Der Hund spürt es. Wir werden alt. Der Anfang vom Ende ist kein Zeitpunkt, sondern ein Gefühl. Die Lebenszeit eines Hundes? Acht bis zehn Jahre bei großen. Zehn bis zwölf Jahre bei kleinen. Zwölf bis 15 Jahre, wenn man Glück hat, bei Mischlingen. Selten werden Hunde 15 bis 20 Jahre. Man muss den Winter eines Hundes als wärmendes Geschenk empfinden.

Das Leben entschleunigt sich, alles wird langsamer. Plötzlich spürt man, wie schön die Welt ist und wie knapp unsere Zeit. Die Zeit wird die Währung unserer Liebe. Wie viele Weihnachten feiern wir noch zusammen? Wie viele Jahre schenkst du mir noch? Wie viele Tage werden wir noch zusammen aufwachen und einschlafen? Lass uns jeden Tag wie ein kleines Leben genießen. Lass uns die Zeit festhalten, indem wir intensiver im Jetzt leben als im Gestern oder Morgen. Es gibt nur das Heute und nur uns.

Die Krankheiten klopfen an. Der Tod kriecht durch die Füße, bei Königen und bei Hunden. Ruby war nie wirklich krank, das war ein großes Glück. Aber sie wurde langsamer, ängstlicher, sehschwächer, tauber, sprang nicht mehr ins Auto, quälte sich die Treppe hoch, blieb lieber zu Hause. Sie war in ihrem Winter angekommen. Aber solange es schmeckt, lebt man.

Dein Tierarzt ist dein Freund und Ratgeber und manchmal auch der Sensenmann. Tierärzte sind teuer, aber sie können auch die Schutzengel eines Hundelebens sein. Warum nicht einmal im Jahr zum Tierarzt? Es ist wie eine Paartherapie. Meist geht man glücklicher weg, als man gekommen ist. Unser Hund hatte Angst vorm Tierarzt; vielleicht, weil Rubys erster Besuch die Sterilisation war, eine Horrorerinnerung, die Entmutterung einer Frau. Vielleicht mochte Ruby aber auch die Gerüche nicht – voller Stress- und Angsthormone. Im Wartezimmer liegt die Angst in der Luft, das spürt auch ein Mensch. Trotzdem wurde unser Arzt Dr. Fabian von Manteuffel unser Freund und Ratgeber. Alles, was er sagte und auch nicht sagte, war klug und kam von Herzen. Ohne ihn und seine Pillen und seinen sanften Langmut wäre Ruby nicht 17 Jahre geworden – ohne Schmerzen. Ein guter Tierarzt ist die beste Lebensversicherung. Bleib nicht beim ersten oder zweiten, sondern frag deine Freunde. Such. Und bleib bei dem, dem du vertraust.

16. Keine Angst vor dem Ende

Der Körper schwächelt, die Pfoten sind müde. Du trägst deinen Hund wie ein Baby auf deinen Armen. Der Kreis des Lebens schließt sich schmerzlich. Aber man darf davor keine Angst haben. Wir wussten, dass wir das letzte Weihnachten mit dem Hund unseres Lebens feierten – und es war gut so. Alles hat ein Ende, auch das Leben deines Lieblings.

Wann beginnt der Anfang vom Ende? Wenn die Pfoten einknicken. Wenn dein Hund leidet. Wenn er zu schwach ist zu laufen. Wenn er mehr schläft denn wacht. Wenn er sich an der Wand anlehnen muss. Wenn er sich unter dem Tisch verkriecht. Wenn er nichts mehr sieht, nichts mehr hört und nur noch wenig riecht. Wenn sich Schmerzen in seinen Körper schleichen, die wir nur ahnen können – denn ein Hund weint nicht, ein Hund klagt nicht, ein Hund leidet stumm. Wir haben das Ende sehr, sehr, sehr lange hinausgezögert. Wir wollten uns nicht trennen von dem, was wir liebten. Aber wahre Liebe muss die Kraft zum Loslassen besitzen. Es wurde der erste Todesfall in unserer Familie. Wir stellten Kerzen auf und unsere Kinder streichelten unseren guten, alten, treuen, müden Hund.

Der Tod wurde zur Erlösung und Befreiung.
Fazit. Das Ende ist Dankbarkeit und ein neuer Anfang

Wenn es Schutzengel gibt und wenn sie auf die Erde schweben und uns begleiten – dann als Hund.

Ein Blick zurück

Ein Jahr ohne Hund war ein Jahr der Dankbarkeit.

Ruby (1993–2011) ist ein Jahr tot. Was bleibt?

Es ist der Blick zurück – in Liebe – ohne Bedingungen.

Einen Hund zu haben, ist ein *Way of Life*.
Keinen Hund zu haben? Macht einsamer.
Ein Hund schenkt dem Menschen eine uralte Form des Lebens.
Du gehst nie allein. Du bist immer zu zweit. Draußen im Leben seid ihr immer Freunde, Gefährten, Buddys.
Zwei für zwei, einer für den anderen, der andere für dich.
Mit einem Hund fühlst du dich umarmt und behütet wie von einem Schutzengel.
Ein Hund schenkt dir Geborgenheit.

Ein Jahr lebte ich mit einem Geist an der gefühlten Leine.
Ruby war tot – aber deshalb war sie trotzdem da.
Ich konnte den Wind streicheln und Ruby spüren.
Alles, was mich an sie erinnert, war wie ein augenzwinkerndes Bellen: Es war schön mit dir.
Wenn meine Schuhe durch die Blätter des Herbstlaubs stocherten, sah ich ihre schnüffelnde Schnauze.
Wenn die ersten Schneeflocken tanzten, sah ich ihre Pfotenspuren im zärtlichen Weiß.

Wenn ich einen anderen Hund sah, schaute ich weg.
»Du bist nicht Ruby.«

Ein Jahr ohne Hund schenkt Freiheit:
Die Leine des Lebens ist durchschnitten.
Nichts hält dich.
Nichts bindet dich.
Nichts braucht dich.
Nichts wartet auf dich.
Aber nichts ist nicht das Leben.

Am 6. Dezember 2011 wäre unser Hund 18 Jahre geworden. Es war der Nikolaustag. Es hatte kurz geschneit, aber dann schmolz alles.
Wie die Erinnerung.
Aber wenn ich die Augen schließe, erblühen Bilder von ihr: Es war einmal ... ein Hund, dein Hund.
Es ist Rubys Blick, der mir fehlt.
Es sind diese treuen Augen, die mich suchen wie eine Taschenlampe.
Wenn unsere Augen sich trafen, stand die Welt still.
Ihre Augen wurden zur Reflexion meiner selbst: Was tust du? Lebst du dein Leben oder das der anderen?
Folgst du falschen Wegen und falschen Zielen?
Bist du glücklich, wenn du aufwachst und deinen Tag vor dir siehst? Ist das dein Leben?
Du hast nur das eine.
Ein Hund lebt seine Natur, seine Instinkte, sein Ich.

Der Mensch irrt herum. Er lebt in Sorgen und Plänen und Wünschen und Sehnsüchten und im Internet.
Ein Hund lebt nur jetzt, sofort, vielleicht ein bisschen später.

Es ist Rubys begleitender Schatten, der mir fehlt.
Wie wir uns in den großen Axel-Springer-Verlag schmuggelten durch die Tiefgarage.
Wie sie neben mir auf dem weißen Sitzleder des Range Rovers kuschelte wie ein schwarzer Zobel.
Wie wir durch den Schnee stapften zu dem verschneiten Reetdachhaus mit dem rauchenden Kamin und den flackernden Kerzen in den Fenstern und dem Geruch nach Wärme.
Wie wir am Meer entlangknirschten an den ewigen Wellen, der schäumenden Brandung, dem unendlichen Horizont, im salzig duftenden Wind.
Wie wir im »Weißen Ross« bei Wirt Sigi auf der Eckbank saßen – weit weg von den wichtigen Städten und uns so nah.
Wir waren ein bisschen wie Don Quijote und Sancho Pansa, der Lange und der Kleine, der Träumer und der Realist, der Fliehende und der Bleibende. Unser Paradies war die Küste der Ostsee, das Land und die Weite und Stille.

Unser Haus in der Stadt wurde zur Altershöhle für unseren Hund.
Ein Haus aus der Jahrhundertwende. Weiß, rot, und schwarzgrünes Kupferdach. Es leuchtet in der Dämmerung wie das 24. Türchen des Adventskalenders.
100 Stufen schlingen sich durch seinen Bauch. Es knarrt, hat eine lichtdurchflutete Seele und die hohen Fenster lächeln.

Rubys Reich war die Küche. Ihr Körbchen kuschelte unter dem Küchenschreibtisch von Frauchen.
Ruby sah alles, hörte alles, roch alles, fühlte alles.
Die glatte, gewundene Holztreppe wurde für sie zur unbezwingbaren Zugspitze.
Oft trug ich sie im Arm hoch in ihr Zweitkörbchen im Schlafzimmer vor dem Kamin unter der Dachterrasse.
Aber nachts wurde sie dann zum Geist.
Sie schlafwandelte.
Sie suchte.
Sie stolperte.
Sie stürzte.
Sie fiel.
Sie litt.
Sie seufzte.
Ich trug sie zurück in die Küche, mit der Tür zur Holzterrasse und der kleinen weißen Treppe zum Garten.
Unser schmaler Garten wurde Rubys Park.
Unser hohes Haus wurde Rubys Burg.
Aber sie ging nur noch selten über die Zugbrücke hinaus ins Leben.
Sie zog sich zurück wie eine Schnecke.
Ruby glitt hinüber die die Dämmerung.
Ihre Sonne senkte sich.
Jeder Tag war ein kleines Wunder.

Weihnachten 2011.
Heiligabend. Hamburg. Kein Schnee. Keine Ruby. Triste Romantik.
Unser Haus glüht innerlich. 50 Kerzen flackern. Der Kamin ru-

mort, knistert, sprengt duftend Tannenzweige, qualmt, frisst frische Birkenscheite.

Der Berg der Geschenke wurde zum Hügel. Der Pfarrer unserer Kirche ist krank: Krippenspiel ohne Belehrungen. Omi und Opi kommen langsamer die Treppe hoch.

Aber Lichterketten glitzern wie Diamanten an unserer Tür.

Wir feiern unsere erste Weihnacht ohne Hund.

Unsere Kinder, mittlerweile 15, zwölf und neun Jahre alt, kennen den Christbaum nur mit der schnüffelnden Ruby darunter. Weihnachten war für sie immer eine Duftorgie. Die Bienenwachskerzen im Baum. Der ewige Kamin. Der brutzelnde Truthahn. Die butterigen Plätzchen. Die majestätische Tanne. Der schwingende Adventskranz. Der siedende Glühwein. Das schäumend gezapfte Bier. Ruby war und schnupperte im Paradies.

Unser Hund war die Bewegung in der Stille, die Unruhe in der Ruhe, das Sinnliche in der Besinnung, das Leben vor der Krippe.

Als wir dieses Jahr von der Kirche heimkamen, war das Haus erleuchtet, aber tierisch leblos. Als wir in der windigen Dämmerung unsere eigene Tür öffneten, war in dem Türchen nur Leere, nur das Nichts, nur Erinnerung, nur eine Träne.

Aber wir tranken, wir aßen, wir lachten, wir packten aus, wir telefonierten, wir küssten uns – und irgendwann vergaßen wir, dass wir unseren Hund vermissten.

Das Christkind lag in seiner Krippe – und unser Hund im Grab.

Der erste Weihnachtstag ist Pyjamatag für unser Rudel. Jeder darf im Bett bleiben. Jeder darf Fernseh gucken. Jeder isst den wunderbaren, aufgewärmten Truthahn mit Kartoffelknödeln und Preiselbeeren.

Aber keiner lässt knusprige Haut übrig für Ruby, die nicht mehr da ist. Nur Frauchen hat beim Tranchieren geseufzt: »Das hat Ruby so gern gehabt.«
Aus der gefühlten Träne wird ein gelebtes Schmunzeln.
Keiner musst mit dem Hund raus.
Das Draußen bleibt draußen.
Wir sind wieder Höhlenmenschen.

Am zweiten Weihnachtstag fahren wir an die salzige Ostsee, zu dem kleinen romantischen Gestüt am Ende von Deutschland. Hier schläft der Hund unseres Lebens in einem Rondell aus Weiden in gefrorener Erde unter welligem Gras.
Zwei bellende Hunde laufen uns entgegen, eine neue Generation. Jung, nervös, stark, lebendig – trotzig strotzend vor Energie.
Hinter dem riesigen Reetdachhaus liegt ein kleiner Park mit Fichten und Teich und Pizza-Hütte und dem blätterlosen Rondell der toten Hunde.
Zwei Freunde von Ruby ruhen neben ihr: Flachs, ein gütiger Schäferhund, und Chicka, ein eisäugiger Husky. Gute Hunde, sehr gute Hunde.
Es ist windig, aber kein märchenhafter Schnee bedeckt das Grasgrab unseres Hundes.
Vor einem Jahr, es war kalt und es schneite, gruben wir hier die letzte Grotte unseres steifen Lieblings.
Die Erde wollte ihn nicht – sie war eisiger Beton.
Wir mussten Rubys letztes Körbchen mit einem Presslufthammer aufsprengen. Ich konnte das nicht.
Ich trank kühlen Champagner und meine Augen tanzten mit ihren Tränen.

Heute stehe ich über Rubys namenlosem Grab und habe keine Worte mehr.
Ich denke an Byrons Grabgedicht für seinen Hund:

Hier ruht Einer, welcher Schönheit besaß ohne Eitelkeit,
Stärke ohne Anmaßung, Mut ohne Brutalität,
alle Tugenden des Menschen – ohne seine Laster …
Von einem Freund erzählt dies Denkmal mir!
Ich kannte Einen bloß.
Und der liegt hier.

Vor einem Jahr haben wir unseren Hund in seine weiße Lieblingsdecke gewickelt und zärtlich in der Tiefe versenkt – vielleicht 88 Zentimeter.
Die Acht ist ein Symbol für die wiederkehrende Unendlichkeit.
Unsere Kinder haben gebastelte Kreuze nach unten schweben lassen wie Flügel.
Dann hat jede menschliche Pfote zum Spaten gegriffen und felldunkle Erde fiel wie schwarzer Schnee auf die weiße Hülle unseres schwarzen Hundes.
Schwarz wurde schwärzer.
Und als der letzte Erdkrümel den letzten weißen Fleck bedeckte, war unser Hund allein.
Und wir waren allein.
Wir rammten ein Holzkreuz in die weiche Erde.
Wir tranken Champagner und Bier und schütteten etwas davon auf das Grab.

Wir tranken und weinten.
Und der Wind des Meeres trocknete die Tränen der Trauer.
Ruby war *save* – in Sicherheit in ihrem Safe aus Erde.
Unser Hund kam.
Unser Hund ging.
Gott gibt. Gott nimmt.
Ruby gab uns 17 Jahre Glück.

Jeder Satz in diesem kleinen Buch ist sentimental.
»Le sentiment« – Gefühl, Stimmung, Gemüt, Sehnsucht, Melancholie.
»Einig mit sich selbst und glücklich im Gefühl.« (Schiller)
Jeder Satz ist eine Erinnerung.
Jede Erinnerung ist ein Schatz.
Jeder Satz ist ein Schatz.

Dieses Buch soll ein Schatzplan sein.
Für eine Schatzsuche der Seele.
Was braucht ein Mensch zum Glück?
Nur einen Hund.
Er ist der Spiegel deiner Seele.
Suche dich!
Finde dich selbst.
Blicke in dich.
Erkenne dich.
Werde, was du bist.
Sei, was du wirst.
Lebe, was du spürst.

Liebe.
Habe nie Angst, du selbst zu sein.
Glück ist einfach – liebe dich selbst wie deinen Hund.
Betrachte dich mit den Augen deines Hundes.
Siehst du, was er sieht?
Liebst du, was er liebt?
Du bist nur ein Mensch, aber du bist einzigartig.
Dein Hund weiß das.
Dein Hund weiß, was gut ist.

Ruby ist tot, aber Rubys Geist lebt.
Wenn ich an Ruby denke, bellt mein Herz.
Der Tod ist nicht das Ende. Er ist der Anfang von etwas Neuem.
Als Ruby starb, verließ eine Kraft ihren Körper.
Diese Energie existiert weiter.
Wenn ich an Ruby denke, wird mir warm und meine Gedanken fliegen.
Mein Hund lebt in mir weiter – und ich lächele.

Ist ein neuer Hund eine Option? Nein.
Oder? Na ja. Ja?
Ja, sagt meine Frau und lächelt.
Ein Jahr ohne Ruby ist vorbeigehuscht, viel zu schnell. Ein Jahr der Schatten, der Tränen, des Vermissens.
Unsere Kinder haben das erste Mal Weihnachten ohne unseren Hund gefeiert.
Aber man darf nicht mit dem Rückspiegel durchs Leben fahren.
Alles wird neu.

Neues Jahr. Neuer Hund?

Wir sind bereit, unsere Pfoten weit einem neuen Wesen zu öffnen und es zu umarmen.

Ich nicht – aber wir schon.

Eine Familie ohne Hund ist keine Familie, wie wir sie leben wollen.

Wenn Sie dieses Buch in Ihren Händen halten, streicheln meine Hände vielleicht einen Welpen.

Vielleicht.

Unsere Kinder wollen wieder ein bellendes Herz im Haus.

Sie sehnen sich nach dem Gefühl Wau.

Wir haben ein Jahr nach innen und hinten geblickt.

Aber man muss auch loslassen können, um der Zukunft die Pfote zu reichen.

Schließen Sie lächelnd dieses Buch und fangen Sie an zu leben, zu lieben und zu streicheln.

Letzter Brief eines Hundes an seinen Menschen

»Mein lieber Mensch,

ich bin tot.
Du warst der Mensch meines Lebens.
Ich habe Dich geliebt wie nichts sonst auf der Welt.
Du warst meine Sonne und mein Mond.
Du warst mein Morgen und meine Nacht.
Du warst mein Anfang und mein sanftes Ende.
Als ich starb, warst Du das Letzte, was ich sah.
Dein Bild wird immer in meinem Herzen leben – auch wenn es nicht mehr schlägt.
Ich habe Deine Tränen gesehen.

Sei nicht traurig.
Wir hatten das schönste Leben, das sich ein Hund erträumen kann.
Du hast mich geliebt.
Du hast mich gehen lassen.
Du hast meine Pfote gehalten und dann losgelassen.
Du hast mich befreit vom Leid.
Ich war sehr schwach und sehr müde und es war Vollmond.
Ich habe den Stich der Nadel nicht mal gespürt.

Es war plötzlich dunkel und dann wurde es hell und ich lief wie auf Flügeln in das Licht.
Ich werde auf Dich warten.

Sei, wie Du warst.
Bleibe Dir treu.
Werde, was Du bist.
Hab keine Angst vor nichts. Du hast mir doch immer gesagt, dass in der Bibel 365 Mal der Satz steht: »Fürchte Dich nicht!«
Ich habe 17 Jahre auf Dich aufgepasst, aber jetzt brauchst Du mich nicht mehr. Du bist erwachsen – mit 57 wird es auch Zeit.
Dein »Wii«-Alter ist sogar 75. Also los, Alter, Action!
Führe Dein Leben und nicht das der anderen.
Gehe Deinen Weg, auch wenn Du Dich einsam fühlst.
Blicke nach vorne, blinzle nicht mehr dauernd verträumt in die Vergangenheit.
Folge Deinen Gefühlen und Deiner Intuition, denn sie wissen, was gut für Dich ist.
Lebe jetzt und nicht später, nicht irgendwann.
Das Glück hat keinen Terminkalender.
Schiebe das Leben nicht auf. Du hast nur das eine. Und alles ist endlich, auch die Wurst.
Umarme das Leben und Frauchen und unsere Kinder.
Aber wem belle ich das nach?
Du hast immer auf Deinen Bauch gehört, Dein Inneres steuerte Dein Äußeres.
Wir Hunde spüren das, wir fühlen euch Menschen.
Eure Seele vibriert und sie schwingt in unser Herz.

Ich möchte, dass Du weiter an meiner unsichtbaren Leine wandelst.
Wir Hunde sind nicht sehr klug. Wir haben nicht die Glühbirne erfunden und wir haben keine Autos.
Unser Computer ist die Natur.
Schalte Dein Handy aus und geh raus.
Schalte den Fernseher aus und sprich mit den Bäumen.
Verbringt mehr Zeit auf eurem kleinen Boot – auf dem Meer und im Wind.
Eure Menschennasen sind leider taubstummblindverschnupft geworden für die Düfte der Welt.
Die Luft ist Leben.
Atme, tief und bewusst. Jeder neue Tag hat 86 400 Sekunden. Das sind 86 400 Möglichkeiten zu leben, zu handeln, zu entscheiden, den richtigen Weg zu finden oder den Tag zu verschieben oder zu verschlafen. Das kannst du später, glaube mir.
Sicher hängen meine alten Leinen noch in der Garderobe, Du bist viel zu sentimental, sie wegzuwerfen.
Ich möchte, dass Du sie als Aufforderung begreifst.
Wenn Du sie siehst, gehst Du einfach mal raus aus unserem schönen Haus, nur für ein paar Minuten. Bring den Müll raus und die alten Zeitungen, die doch eh niemand mehr lesen wird.
Ich begleite Dich.
Ich bin bei Dir.
Keiner sieht mich – nur Du.
Weißt Du noch? Früher? Als wir zu zweit waren? Als alles möglich war? Als wir glücklich waren, weil wir zusammen waren?
Du wirst nie mehr allein gehen, ich werde Dein Schatten sein.
Ich bin wir. Wir sind wir.

Pass für mich auf Frauchen auf und halte sie fest! Umarme sie so, wie Du mich immer gestreichelt hast. Warum geht Ihr zwei nicht abends unterm Mond um die Häuser? Warum joggst Du nicht mit ihr bei Sonnenaufgang um unseren kleinen Park?
Sie ist das Beste, was Dir je passiert ist – mich eingeschlossen.
Sie liebt Dich noch mehr, als ich Dich geliebt habe, auch anders, menschlicher. Du weißt schon: Eine Liebe, die Dir kein Hund je schenken kann.
Küsse sie und lasse sie nie mehr los.
Denkst Du, Du lebst ewig?
Es gibt kein größeres Herz als Frauchen. Sie ist die Frau Deines Lebens. Du hast mir doch immer gesagt: »One life, one wife.«
Ihr Herz ist groß wie iCloud.

Weinst Du noch um mich?
Ein Jahr ist vorbei. Ein Jahr ohne mich. Aber hat es die Welt gemerkt?
Ich habe die ersten Blumen geliebt, als alles grün wurde, satt, voller Leben und Hoffnung.
Ich habe die Sonne geliebt, die uns wärmte, die uns Energie schenkte. Es waren die langen Sommer ohne Sorgen.
Ich habe das Meer geliebt wie Du, die ewigen Wellen, den salzigen Wind, den weiten Horizont, die Sehnsucht nach irgendwo.
Ich habe auch die goldenen Blätter des Herbstes geliebt, die Haselnüsse und Kastanien, den Geruch der Vergänglichkeit und die Eichhörnchen in unserm Garten.
Ich habe den Schnee nicht so geliebt wie Du, für Dich waren die ersten tanzenden Schneeflocken die Rückkehr in Deine bayerische Kindheit. Schnee war für Dich Geborgenheit und ein Hermelin für Deine Seele, aber meine Pfoten haben gefroren

Wir beide haben die Weihnachtszeit am meisten geliebt. Es war die Zeit der Gemütlichkeit. Die flackernden Kerzen, der knisternde Kamin, der duftende Tee, das backende Frauchen, der süße Glühwein, die rotbäckigen Kinder, der leuchtende Adventskranz und die grüne Tanne, die aus der Kälte kam.

Wir waren schon ein sehr glückliches Rudel.

Aber dieses Jahr konnte ich zur Heiligen Nacht nicht da sein, ich war im Anderswo. Aber ich habe Euch gesehen und ich war glücklich.

Das neue Jahr soll ein Neuanfang werden.

Ihr sollt beginnen, mich zu vergessen.

Ich war einmal.

Es gibt eine Zeit zum Trauern und eine Zeit, die Tränen zu trocknen.

Und eine Zeit, das Vergangene loszulassen, damit Deine Hand frei ist für eine neue Leine.

Es ist Zeit für einen neuen Hund in Eurem Leben.

Du hast meine Erlaubnis, Dich neu zu verlieben.

Du warst der Mensch meines Lebens, aber Dein Leben geht weiter.

Ich will Dich und Euch glücklich sehen.

Ich will, dass Ihr Eure Herzen wieder für einen neuen Hund öffnet.

Lasst ein neues Bellen in unser Haus.

Lasst ein neues Leben wedeln.

Es wird anders sein, aber es wird ähnlich sein.

Es wird keine Ruby II sein, es wird ein neuer und wieder einzigartiger Hund sein.

Der liebe Gott wird das schon richten.

Ich danke Euch für ein wunderschönes Leben.
Ich danke Euch für einen erlösenden Tod.
Ich bin nicht mehr – und Ihr seid frei.

Lebt.

Immer, Euer erster Hund Ruby, zurzeit im Himmel.«

Der Tag, an dem Deutschlands berühmtester Hund starb

Ruby starb um 18.12 Uhr am 18. Januar 2011.
Ruby war 17 Jahre und zwei Monate alt.
Ruby war auch 17 Jahre lang durch die samstägliche Kolumne *Mein Hund & ich* in der *Bild* der berühmteste Hund Deutschlands.
Ruby war Kult.
Ruby gab es als Plüschtier und auf der Bücherbestsellerliste.
Als Ruby starb, ging ein Seufzen durchs Land.
Von Iris Berben bis Gabriele Henkel.
Am 21. Januar 2011 erschien auf der ersten Seite der *Bild* der Nachruf auf Ruby.
Hunde-Deutschland nahm online Abschied von dem Hund, der ein Land berührte.
Eine E-Mail-Lawine der weinenden Worte.
Auszüge von einem einzigen Tag, an dem Deutschland ärmer wurde.

Brokermania schrieb:

Ich habe selber einen Hund und ich fürchte mich vor diesem Tag, wenn ein Familienmitglied von uns geht. Es ist wirklich unglaublich, wie Hunde ein Menschenleben dermaßen verschönern und bereichern können …

zerle09 schrieb:

Ich habe kein Knochenende verpasst, bin sooo traurig, mach es gut Ruby :-(

Lenoschka schrieb:

Für den einen ist es nur ein Tier – für den Halter ein Familienmitglied, wenn nicht mehr! Hut ab, noch die Kraft zu haben, das dann aufzuschreiben. Ich habe das erst vor einem Jahr erlebt und werde das gleich wohl in den kommenden Monaten noch einmal durchmachen. Es ist ein schrecklicher Moment … Ich wünsche Ihnen, Herr Körzdörfer, viel Kraft für diese Zeit. Sie werden Ruby überall sehen und fühlen. Und Ruby wird sicherlich auch da sein …

Niesel86 schrieb:

Noch nie habe ich in einem Bericht über eine verstorbene Person so viel Liebe gespürt, wie ich es in diesem Beitrag über den kleinen Hund gefühlt habe. So liebevoll und ergreifend, dass ich hier sitze und weine. Nicht, weil alles so grausam ist, sondern weil es in dieser Welt zwischen Krieg, Krisen und Katastrophen doch noch so viel Gefühl gibt, dass ich mich so sehr freue. Beileid mag man nicht aussprechen, denn ich denke, ein Hund, der so alt geworden ist, hatte ein sehr schönes Leben. Nicht, dass man als Herrchen dann weniger trauert, aber ich denke, man weiß, dass man dem Tierchen ein schönes Leben ermöglicht hat und ihm in den letzten Stunden nur noch über die Schwelle geholfen hat. Und ich glaube fest daran, dass die kleine Ruby auch von oben noch auf Euch achten wird, wie sie es vorher wie ein Schutzengel getan hat. Seid nicht traurig … Und vielen Dank für diesen Bericht.

Glitterbag schrieb:

So viel Liebe steckt in diesen Zeilen. Schon ewig verfolge ich Rubys Leben in *Bild*, und es hat mir eben das Herz zerrissen, als ich lesen musste, dass Ruby über die Regenbogenbrücke gegangen ist. Mir kommen immer noch die Tränen. Ich hoffe, Dir geht es da oben wieder besser. Wir werden die schönen Geschichten über Dich sehr vermissen.

Strehlitz1 schrieb:

Sie sind ein toller Mensch und ich würde mir wünschen, dass es jedes Tier auf dieser Welt so gut hätte, wie es Ruby bei Ihnen gehabt hat ... Ich fühle mit Ihnen ...

beate01 schrieb:

Aus dem Geschriebenen klingt so viel Liebe für diesen kleinen Hund Ruby. Er hatte bei Ihnen ein tolles Hundeleben, was sich so manch ein anderer Hund wünschen würde. Liebe Ruby, ich wünsche Dir von Herzen eine gute Reise ins Regenbogenland. Dort werden Dich all Deine Freunde, Kumpels und Weggefährten erwarten, dessen bin ich mir ganz sicher. Alles Gute für Dich ... Pass von dort auf Deine lieben »menschlichen Dosenöffner« auf...

Blumenmädchen schrieb:

Ich habe gerade Tränen in den Augen. Ich habe die Kolumnen so gerne gelesen, man hat die Liebe beiderseits gespürt und man hat gemerkt, was für eine bedeutende Rolle Ruby für Dich und Deine Familie hat. Es ist sicher sehr schwer, aber ich denke, Ihr wisst, dass es so das Beste war, und ich finde es super, dass Ihr an Ruby gedacht habt und sie erlöst habt! Alles Gute für Dich und Deine Familie, Ruby hatte ein tolles Leben bei Euch!

Über den Autor

© Peter Müller, Berlin

NORBERT KÖRZDÖRFER, geboren 1954, ist Mitglied der *BILD*-Chefredaktion und Hollywood-Reporter. Mit seiner Samstagskolumne *Mein Hund & ich*, in der er über seine Jack-Russell-Mischlingshündin Ruby berichtete, erreichte er über elf Millionen *BILD*-Leser. Seit Januar 2011 muss Körzdörfer ein neues Leben meistern: ein Leben ohne Hund.

Das letzte Genie des Boulevards

Franz Josef Wagner
BRIEF AN DEUTSCHLAND
160 Seiten. Geb. mit Schutzumschlag
ISBN 978-3-424-35041-8

Franz Josef Wagner schreibt die meistgelesene, streitbarste und schönste Kolumne im ganzen Land: *Post von Wagner* in der BILD. Sein *Brief an Deutschland* ist ein Lebensbericht gespickt mit Zeitgeschichte, Portraits und Geistesblitzen in einem Sound ohnegleichen.

»Ein Buch wie frisch gefallener Schnee«
(Matthias Matussek)

Diederichs